なにわなくとも!
なにわ男子

Naniwa Danshi

御陵 誠

太陽出版

はじめに

ついに、ついにこの日がやって来た!

「かつて永瀬廉くんと〝なにわ皇子〟を組んでいた西畑大吾くんと大西流星くんにとっては、King & Princeから遅れること約3年半。また神山智洋くんと同じオーディションで合格した藤原丈一郎くんにとっては、ジャニーズWESTから遅れること約7年半。本人たちはもちろんのこと、ずっと彼らを応援してきたファンの皆さん(※なにふぁむ)にとっても、念願のCDデビューが実現しようとしています」(人気放送作家)

2021年7月28日、神奈川・横浜アリーナで開催されていた『なにわ男子 First Arena Tour 2021 #なにわ男子しか勝たん』のステージでサプライズ発表された、なにわ男子のCDデビュー。

ジャニーズ事務所からのグループデビューは、2020年1月22日に同時デビューしたSixTONES、Snow Man以来、およそ1年10ヶ月ぶりとなる。

「特に、なにわ男子については、昨年の7月28日〝なにわの日〟にも、グループ名にちなんで〝CDデビューが発表されるんじゃないか？〟と、ギョーカイではかなり噂になっていました。ジャニーズ事務所からのデビューの場合、毎回このように噂が先行して飛び交うものの、まず予想が当たることはない（苦笑）。今年も7月28日が近づくにつれて噂が聞こえてきましたが、昨年の反省からかギョーカイは盛り上がっていませんでした。そこに来てのサプライズ発表だけに、完全にジャニーズ事務所に裏をかかれましたね」（同人気放送作家）

実はこの翌日、なにわ男子は『オールナイトニッポン』（ニッポン放送）で2回目のパーソナリティを務めることが明らかになっていたので、当初は「全国ネットのラジオで生発表」が有力視されていたという。

「それが去年あれだけの噂になっていた〝なにわの日〟に、自らのライブステージで発表。ちなみにプチうんちくですが、CDデビューの11月12日は、1年に数回しかない開運日〝天赦日〟にあたり、また早々にファンクラブもデビュー前の8月27日から発足します。さらに当初予定されていた7会場21公演の『なにわ男子 First Arena Tour 2021 #なにわ男子しか勝たん』も、北海道と新潟の追加公演、地元・大阪城ホールでの再追加公演が決定。全8会場で26公演を行うことが決まりました」（同前）

西畑大吾、大西流星、道枝駿佑、高橋恭平、長尾謙杜、藤原丈一郎、そしてリーダーの大橋和也。

7人は2018年10月に『関西ジャニーズJr. LIVE 2018 Fall in LOVE〜秋に関ジュに恋しちゃいなよ』で〝なにわ男子〟としてお披露目されるやいなや快進撃を続け、2019年11月には初の単独ライブツアーを敢行。

また2020年には連ドラ『メンズ校』(テレビ東京)、関東圏初の冠バラエティ『なにわ男子と一流姉さん』に出演すると、今年4月からはバラエティ番組『まだアプデしてないの?』(テレビ朝日)がスタート。

さらに『第103回全国高等学校野球選手権大会』では〝高校野球応援し隊〟に就任するなど、まさに飛ぶ鳥を落とす勢いを見せている。

「過去10年、ジャニーズ事務所からは2011年8月のKis-My-Ft2(『Everybody Go』)を筆頭に、Sexy Zone(『Sexy Zone』)、A.B.C-Z(『Za ABC〜5stars〜』※DVDデビュー)、ジャニーズWEST(『ええじゃないか』)、King & Prince(『シンデレラガール』)、SixTONES(『Imitation Rain』)、Snow Man(『D.D.』)まで7組がデビューしています。彼らに続くなにわ男子が、一気に先輩たちをブチ抜くのか? 僕はその期待に胸を膨らませています」(同前)

ついにCDデビューを果たす、なにわ男子。

エンディングのエピローグには、彼らが7月28日の横浜アリーナで語った〝リアルスピーチ〟を掲載しているので、そちらもぜひお楽しみいただきたいと思う――。

目次

序章

デビュー秘話

Secret episodes of debut

Naniwa Danshi

〝なにわ男子デビュー〟を決意させたプロデューサー大倉忠義の熱意

「次にデビューするのはなにわ男子か美 少年か、それともHiHi Jetsか――。この3組のグループ名はジャニー喜多川さんが付けたので、滝沢くんも〝後押ししなければならない〟使命感を感じていたといいます。まずはトップバッターのなにわ男子をきっかけに、これからは美 少年とHiHi Jetsのデビューも加速度的に早まるでしょう」

ジャニーズ事務所に詳しい人気放送作家氏は、昨年の秋口から「関ジャニ∞の大倉くんが頻繁に滝沢くんのもとを訪ねていた」と、なにわ男子のCDデビューが動き出す経緯を明かしてくれた。

「メンバー本人たちにはサプライズでも、CDデビューに至るプロジェクトはおおよそ1年ほどの準備期間を前提にスタートします。いくらJr.時代に〝いつデビューしてもおかしくない〟スキルを身につけていようとも、オリコンチャート初登場1位が絶対的な使命ですから、プロモーション戦略は当然立てなければなりません」（人気放送作家氏）

〝甲子園応援し隊〟もその一つだが、それについては改めてお話しさせていただくとしよう。

ここで注目するのは、なにわ男子の実質的プロデューサーを務めた関ジャニ∞・大倉忠義の動きだ。

「先ほども少し触れましたが、大倉くんが昨年の秋口から頻繁に滝沢くんのもとを訪ねている様子は聞いていました。コロナ禍とはいえ飲食店も営業していた時期で、2人が連れ立って麻布の会員制鮨店に入る姿も目撃されています」（同人気放送作家氏）

実はこの鮨店、嵐の松本潤が相葉雅紀と訪れたことでも知られているが、もともとは滝沢副社長の行きつけで、重要な決定を下す打ち合わせに利用する店だ。

「松本くんがKing & Princeや美 少年のコンサート演出を手伝った時、この店で滝沢くんから『頼んだよ』――と話を振られたといいます。元『嵐にしやがれ』のスタッフによると、松本くんは『あそこ（鮨店）でご馳走になると絶対に断れないからな～』と苦笑いをしていたそうです。大倉くんもそこで滝沢くんに猛プッシュし続けたのでは。完全会員制で中の様子は窺えませんが」（同前）

なにわ男子のデビュー発表後の会見では、滝沢副社長は——

『ジャニーズJr.のグループがたくさんある中で、
僕はどのグループを出しても恥ずかしくない自信があります。
なにわ男子にはパワーや勢いをすごく感じていました。
そこに大倉からそういう提案をいただいて、
こういう時代こそ、こういったグループが世の中に出ていくことはいいことだと思い、
すぐに賛同しました』

——と、公式にコメントしている。

「2019年11月に敢行した初の単独ライブツアーをはじめ、大倉くんはなにわ男子に〝ライブのいろは〟を叩き込んできました。今回のデビュー発表にあたり、今年1月に大阪城ホールで行われた無観客ライブが終わった後、滝沢くんに『そろそろデビューどうでしょうか?』——と推薦したエピソードが披露されましたが、去年の秋口から動いた大倉くんの熱意に、ようやく滝沢くんが最終的なゴーサインを下したということでしょう」（前出人気放送作家氏）

その大倉はデビューが発表された横浜アリーナ昼公演の後、メンバーと一緒にプロデューサーとして取材に応じると――

『松竹座で彼らはずっと頑張り続けてきたので、僕らともかぶる部分がありますし、地元を大事にしながら出来るグループは関西ならでは。オリジナリティを大事にして、オンリーワンのグループになって欲しい』

――と、表情にはある種の達成感を漂わせながら語った。

「関ジャニ∞は初めての松竹座公演の際、チケットが売れずお客さんが入らない2階席に〝暗幕を張ってごまかした〟という、鉄板の下積みエピソードがあります。なにわ男子は結成以来、すべての公演をソールドアウトさせていますが、それは彼らを支えてくれる〝ファンのおかげ〟であり、『自分の実力と勘違いするな』――というのが、大倉くんがメンバーに叩き込んだ〝いろはの『い』〟。関ジャニ∞では飄々としている大倉くんですが、実は誰よりも熱く、スパルタの男なのです」（同前）

そんな大倉に対し、自身が小学生の頃から可愛がってもらっている大西流星は――

『プロデューサーでもありながら〝なにわ男子のお父さん〟みたいな存在なので、大倉くんの顔を見ると優しくて落ち着きました』

――と言いつつも、

『デビュー発表のコンサートが終わった後、舞台袖で待っててくれたんです。みんなで〝よかったね〟って話していたら、「夜公演は〝違ったなにわ男子〟が見られるのを期待してます」――って言われて、めっちゃピリッとしました』

――と、厳しいプロデューサーの一面を明かしてくれた。

また西畑大吾は――

『大倉くんには感謝の気持ちしかありません。
なにわ男子が出来てから、たくさんの公演やお仕事をサポートしてくれたのは大倉くん。
お仕事でもプライベートでも、かけがえのない大先輩です。
デビューの実感はまだですが、大倉くんに少しでも恩返しすることが出来たら嬉しい。
もし大倉くんが僕らの面倒を見てくれてなかったら、
たぶんまだデビューが決まってなかったし、
夢や目標を叶える前に〝心が折れていた〟かもしれない』

――と、こちらも最大の感謝を感じているようだった。
デビューに至るまでの道筋を作ってくれた〝最大の恩人〟プロデューサー大倉忠義に、今度はなにわ男子が恩返しする番だ。

〝リミットは2年〟――なにわ男子が直面したデビューまでの壁

2021年7月28日――。

横浜アリーナで行われていた『なにわ男子 First Arena Tour 2021 #なにわ男子しか勝たん』昼公演の終盤、ついに発表された〝なにわ男子のCDデビュー〟。

「11月12日、レコード会社はJ Storm。すでにデビュー曲は決定していますが、解禁はファンクラブの結成やSNSアカウント始動のタイミング次第と聞いています」（スポーツ紙記者）

これまでなにわ男子のプロデューサーを担ってくれた関ジャニ∞・大倉忠義の尽力については先にお話ししたが、もちろんCDデビューを果たすことが出来たのは、何よりもなにわ男子が「CDデビューするに相応しい実力を身につけている」からに他ならない。

「あの〝ジャニーズJr.定年制〟が発表された時から、年長の藤原丈一郎くん、大橋和也くん、西畑大吾くんの顔つきが変わりました」

話してくれたのは、関西のテレビ界で活躍する放送作家氏だ。

「今年の1月16日、ジャニーズ事務所は〝満22才になって最初の3月31日の時点で、今後の活動継続について合意に至らない場合はジャニーズJr.の活動を終了する。適用は2023年3月31日より〟と、事実上の定年制度を発表しました。つまり2023年3月31日時点で22才のJr.は、もうジャニーズ事務所からのグループデビューは望めないということです」(同放送作家氏)

つまり2001年3月31日以前に生まれたJr.は、その最初の対象者になるのだ。

「なにわ男子で対象者になるのは、1996年生まれの藤原くん、97年生まれの西畑くんと大橋くん、そして2000年生まれの高橋くんの4人です。しかしギリギリ2001年8月7日生まれの大西くんも、翌年の2024年には対象者になる。2002年生まれの道枝くん、長尾くんも2025年。いずれにしても〝7人のなにわ男子〟は、2023年3月31日までしか存在しないのです」(同前)

実際には定年制度が発表された1月には〝なにわ男子のCDデビュー〟が内定していたのだが、当人たちは――

『どんなに頑張っても、残されたリミットは2年しかない』

――と、プチパニックに陥っていたようだ。

全員が毎日のように大倉にメールを送り――

『**自分たちはどうすればいいか**』

『**定年までにデビューするにはどこを伸ばせばいいか**』

――などを相談していたという。

バラエティやライブではそんな素振りは微塵も見せなかったが、内心では必死にもがいて苦しんでいたに違いない。

しかし、だからといって「お前らはデビュー出来るから安心しろ」と告げるわけにもいかず、すでに滝沢副社長がCDデビューを決めていたからこそ、大倉は――

『**ここで最後のひと伸びを見せて欲しかった**』

――と、なにわ男子を叱咤激励したという。

「デビュー会見の時、リーダーの大橋くんが『みんなのヒーローになりたい。幸せな時も不安な時も、僕らを見たら元気になれる人たちが増えたらいいなと。僕たち一生懸命頑張ります』——と発言したことを、あとで大倉くんは『関西のヒーローいうたら〝エイトレンジャー〟やん。今は〝ゴレンジャー〟になってもうてるけど』と、自虐ネタを交えながら『もう若い世代にバトンタッチやな』——と嬉しそうに話していました」（前出放送作家氏）

また西畑が——

『全部のジャニーズの先輩を尊敬しています。
でも皆さんが歩んできた道ではなく、
〝なにわ男子〟という道を作って、その道を歩むことが出来たら』

——と言うと、大倉は、

『これからは後輩のJr.に背中を見せてやらなアカンで』

——などと、こちらも頼もしそうに頷いていたという。

道枝駿佑が――

『嵐さんや関ジャニ∞さんのように、毎年5大ドームツアーを行えるグループになりたい』

――と目標を掲げ、長尾謙杜が、

『オリンピックの開かれている国立競技場でもコンサートをやりたい』

――と言うと、

『(国立競技場は) 俺らもやってへんやん。やりたいわ』

――とツッコミを入れる大倉。

そんな大倉が実は最も気にかけていたのが、ジャニーズJr.最長在籍期間デビューの記録を樹立した藤原丈一郎だった。

「これまでの最長記録は2004年8月12日に入所して2020年1月22日にデビューした、Snow Man・深澤辰哉くんの15年5ヶ月10日でした。しかし藤原くんは深澤くんより早い2004年2月21日に入所し、およそ1年10ヶ月も遅い2021年11月12日にデビュー。なんとJr.の在籍は17年8ヶ月19日にも及びます。定年制度が施行されるとこんな記録は生まれないので、もう永遠に〝デビューまでのジャニーズJr.最長在籍期間記録〟は藤原くんでしょう」(同前)

その藤原は――

『僕たちは高校野球を応援させていただいていますが、
高校球児の皆さんは甲子園の切符を目指していて、
僕らはデビューへの切符をゲット出来たので、
握り締めてこれからも頑張っていきたい』

――と、最近は〝オリックス芸人(?)〟としても存在感をアピールしている藤原だが、野球好きらしいコメントで爽やかに喜びを表現していた。

「そこで〝苦節〇年〟とか言わないポジティブさを、大倉くんは最も評価しているそうです。さらに西畑くんが『僕らは歌っている楽曲やダンスはキラキラしたアイドルですが、関西弁でわちゃわちゃしてますし、喋るとうるさい。このギャップを感じて楽しんで欲しい』――と会見でまとめたアピールポイントは、実は大倉くんがこの3年近く、口を酸っぱくして言ったセリフなのです」（同前）

大倉は――

『お前ら〝らしさ〟とは何や？』

――と問いかけ、それに対して西畑が答えていたのが、このセリフだった。

『僕らは歌っている楽曲やダンスはキラキラしたアイドルですが、関西弁でわちゃわちゃしてますし、喋るとうるさい。このギャップを感じて楽しんで欲しい』

そしてさらに、なにわ男子には、大倉以外にもジャニーズ内外に多くの応援団がついているのだ。

〝あの先輩たち〟からのデビュー祝福

全国ネットのバラエティ番組を席巻するお笑いコンビ・千鳥のノブが、なにわ男子CDデビューが発表された7月28日の午後6時過ぎ、自身のTwitterで祝福のメッセージを贈ってくれた。

「ノブはウチ（TBS）の『クイズ! THE違和感』でMCを務めていて、なにわ男子の大橋くん、藤原くん、大西くんの3人が週替わりのコンビでレギュラー出演してくれています。Twitterでは、なにわ男子のデビューを伝えるツイートを引用し、『**大橋、藤原、大西の時代が来るぞー!おめでとう**』――と呟いていました」（TBSプロデューサー氏）

ノブのTwitterアカウントは、フォロワー数およそ148万人の超人気アカウント。

なにわ男子に関するこのツイートは7，500件以上のリツイート、400件以上の引用リツイート、そして34，000件以上の〝いいね〟が付けられたのだ。

「単純に148万人もの目に留まり、大橋くん、藤原くん、大西くんの〝時代が来る〟とインプットされたわけですから、こんなに強力な応援はありません。このノブさんはもちろん、ますだおかだの岡田圭右さん（※後述）、そしてジャニーズ事務所の仲間たちを含め、なにわ男子は〝人に好かれるグループとして僕らの間では知られています」（同TBSプロデューサー氏）

藤原丈一郎はCDデビュー発表の後――

『コンサートが終わって携帯を見てみたら、たくさんの先輩後輩、家族、友だちからめっちゃメールが来てて驚きました。そういう話はこれまでにも聞いたことがありますけど、実際に自分の身に起こるなんて。「僕らデビューするんやな～」って、しみじみと実感しましたね』

――と語った。

『ノブさんはＴｗｉｔｔｅｒだけじゃなくメッセージも３人それぞれいただきました。

今、テレビで３本の指に入るぐらい売れっ子の千鳥さんから〝時代が来る〟と言われて、嬉しいやら戸惑うやらがホンマの本音ですね。

番組（『クイズ！ ＴＨＥ違和感』）ではもう１年半ぐらいご一緒させてもらってますけど、千鳥さんは大阪時代に〝ロケ無双〟として有名で、僕もずいぶんとテレビを通して勉強させてもらいましたし、その千鳥のノブさんと全国ネットのバラエティで共演しているなんて、ホンマに夢のような現実です』〈藤原丈一郎〉

藤原にとって千鳥は、あくまでもテレビの世界の〝向こう側の人〟だった。

しかし、なにわ男子のメンバーに抜擢されて以降、その距離はどんどんと縮まっている。

『いやいや。考えるまでもなく、僕らは千鳥さんの足元にも及びません。
「せやけどその足元でわちゃわちゃと、足の裏をくすぐったりスニーカーの紐をほどいたり、そのぐらいのことは出来るんちゃう？」——と、大橋や西畑と話したこともあります』〈藤原丈一郎〉

さらに千鳥・ノブ以外の反応を見てみると、やはりジャニーズの先輩からのメッセージには、メンバー一同、喜びを隠せない。

「中でもジャニーズWESTの重岡大毅くんは、みんなに電話をかけてきて、それぞれ全員と話すまで何度もアプローチしてくれたそうです。大西くんは『**そんな手間かけるなら、横アリに来てくれたほうが早かったやん**』——と笑ってましたけど」（前出TBSプロデューサー氏）

ジャニーズWESTのセンターを務める重岡大毅は、2006年に関西ジャニーズJr.に入所して以降、中山優馬や現在のジャニーズWEST、向井康二、室龍規らと共に関西ジャニーズJr.の黄金期を作り上げたメンバーの一人。

大西は重岡たち関西Jr.の中心メンバーに憧れて入所したクチなので、いわゆる直系の先輩からの電話は『横アリに来てくれたほうが早かったやん』などと意気がって見せても、実際には嬉しかったに違いない。

『ちょうど丈くんと一緒におる時に、重岡くんから丈くんのスマホに電話がかかってきたんです。それでビデオ通話みたいな感じで話したんですけど、重岡くんは完全に家で寛いでいて……。めちゃめちゃオフの重岡くんが、ソファに座ってはったんです』〈大西流星〉

すると重岡はリビングに置いてあるらしいピアノまで歩き、『(何すんのん?)』と見つめる藤原と大西の前で、いきなり「ハッピーバースデー トゥー ユー」と歌い始めたという。


『〝なにわ男子の誕生日〟っていう意味やと思う。

最初は何かすごいジ〜ンと来たけど、よく考えたら僕らの結成日でも何でもないし、それを言うなら「11月12日のデビュー日でやって欲しかったわ〜」みたいな気分になりました(苦笑)。

丈くんは電話切った後も『何でノースリーブ着てんの? 他にあるやろ』――って、ブツブツとツッコミ続けてました(笑)』〈大西流星〉

さらに意外な(?)祝福は『SixTONESの田中樹くんからメールが来ました!』と大騒ぎする、高橋恭平のセリフだ。

『樹くんって普段はめちゃめちゃ〝ツン〟で、場合によっては〝話しかけたらシバかれるんちゃうやろか〟……ってビビってしまうんですけど、デビューのお祝いメールはすごい長文で、ファンやスタッフさんに対する「感謝を忘れちゃいけない」っていう〝教え〟をはじめ、感動するセリフがたくさん並んでいました。

もったいないから、それ以外は話しませんけど（笑）』〈高橋恭平〉

その他にも先輩たちからメッセージが届いているが、そちらは本文中に散りばめてお話ししていきたい。

とにもかくにも、なにわ男子がジャニーズ事務所の先輩たちはじめ、芸能界の様々な先輩たちから〝愛される存在〟であることは間違いない。

『夢わたし』に込めた7人の想い

「今年は2年ぶりに夏の甲子園が開催されたのに、コロナ禍だけではなく悪天候にも邪魔されて、別の意味で記憶に残る大会になってしまいました。それでもなにわ男子のメンバーは、事前番組を含めて頑張って盛り上げてくれたと思います」（ABCテレビ関係者）

『第103回 全国高校野球選手権大会』を盛り上げる〝高校野球応援し隊〟に就任したなにわ男子は、その第103回 全国高校野球選手権大会、つまり夏の甲子園の開会式直前に『おはよう朝日です』『おはようKOSHIEN103』（ABCテレビ）などの関連番組に登場。

メンバーは『2021 ABC夏の高校野球』応援ソングで『熱闘甲子園』のテーマソングでもある『夢わたし』を歌った。

「ABC夏の高校野球応援ソングとしては2014年に関ジャニ∞が、そして2018年には嵐が担当しています。偉大なるジャニーズ事務所の先輩に続くと共に、まだデビューしていないグループが応援ソングを歌うのは歴代初。結果的には甲子園開幕前になにわ男子のCDデビューが発表されましたが、それでも11月12日にデビューならば歴代初の快挙は変わりません」（同ABCテレビ関係者）

先のエピソードでも触れているが、実はなにわ男子のデビュー発表のタイミングは、当初は甲子園開幕の前日（8月8日）もその候補に挙がっていたという。

「2019年にSnow ManとSixTONESの同時デビューが発表されたのは、8月8日のジャニーズJr.東京ドームコンサート。デビュー曲のミリオンセールスや数々の記録を作ったグループと同じ日に発表することは、芸能界では〝験《げん》を担ぐ〟として喜ばれますからね。7月28日の〝なにわ〟の日よりも、話題を甲子園に絡めて大々的にアピール出来る。それも彼らのデビュープロジェクトの一環だったのです」（人気放送作家氏）

しかし結果的には、高校野球が関係者以外無観客での開催となり、デビュー発表を絡めて盛り上げるような時勢ではなくなり、7月28日になったという話だ。

「その8月8日、なにわ男子は関西ローカル放送ながら、事前関連番組の『開幕直前スペシャル驚学甲子園』に出演しました。教室セットを舞台に『熱闘甲子園』キャスターのヒロド歩美アナウンサーがクラス担任としてMCを担当。なにわ男子の他にもベリーグッドマンのMOCA、ABC高校野球中継内で放送するショートドラマ『海と空と蓮と』ヒロインの山口まゆ、東進ハイスクールの村瀬哲史先生などがスペシャリストとして集結。それぞれが生徒であり先生にもなるような構成で進行しました」（同人気放送作家氏）

なにわ男子のメンバーは〝野球といえば〟の藤原丈一郎が、甲子園に鳴り響く応援曲の世界を先生役として解説。

数ある応援曲の中で対戦相手から〝魔曲〟と恐れられている、和歌山・智辯和歌山と奈良・智辯学園のブラスバンドが演奏する〝ジョックロック〟に注目した。この曲が鳴り響くと圧倒的に〝智辯有利〟に試合が運ぶと言われており、その秘密を多角的に藤原が解き明かしたのだ。

「メンバーは『**『夢わたし』も応援歌で演奏して欲しい**』『**『夢わたし』がジョックロックに代わって魔曲と呼ばれたい**』――などと話していましたが、〝『夢わたし』の演奏で選手の力になれたら嬉しい〟という気持ちが伝わってきました」（同前）

事前番組への出演を通し、メンバー自身にも〝高校野球応援し隊〟に相応しい〝熱〟が生じたようだ。

『僕らは〝応援し隊〟という立場ですが、番組の収録で映像を見させてもらって、
こちら側が勇気づけられるというか、「もっと頑張らなあかんな」と思いました。
「これが高校野球の魅力なんだ」とも感じました。
今年の夏は球児の皆さんと、お互いに高め合うことが出来ればいいなと思っています』〈西畑大吾〉

『僕らの『夢わたし』という楽曲が『熱闘甲子園』で流れるということで、
各学校の応援が出来てすごく嬉しいです。
夢を持って頑張っている球児たちと形は違えど僕らも夢を追っているので、
お互いに頑張りましょう』〈高橋恭平〉

『球児の皆さんは各地方の代表校として、
それぞれの想いを胸に背負ってこの夏を駆け抜けて欲しいです。
チーム一丸となって、優勝旗目指して頑張ってください。
僕も応援しています』〈藤原丈一郎〉

『特に『驚学甲子園』の収録を経験して、今年は今まで以上に特別な大会だと改めて思いました。甲子園はたくさんの方が輝ける舞台だと思います。

僕らも微力ながら応援させていただきますので、頑張ってください』〈大西流星〉

『夢を掴み取りにいく球児の皆さんの姿は、僕らの背中を押してくれます。
僕らは『夢わたし』で皆さんの背中を押せたらと思っています。
お互いに支え合いつつ、頑張りましょう』〈長尾謙杜〉

『辛いことも楽しいことも、この1年でいろんな想いがあったと思います。
その想いを僕たちも一緒に背負って前に進むので、失敗を恐れずに挑んでください。
僕たちが見ています。頑張れ』〈大橋和也〉

『去年が中止になった分の想いを、全力で今年の甲子園にぶつけて欲しいと思います。
良い景色が見られるように頑張ってください。
僕たちも『夢わたし』と共に、全力でサポートさせていただきます』〈道枝駿佑〉

メンバーの想いは、高校球児たちに届いたに違いない。

そして、〝デビュー〟という大きな夢を叶えたなにわ男子7人は、〝さらに大きな夢〟に向かって、失敗を恐れずに突き進んでいくことだろう――。

第1章

なにわなくとも！

西畑大吾

Daigo Nishihata

背負ってきた〝関西ジャニーズJr.のセンター〟としての責任

なにわ男子のCDデビューが発表された直後、この10年来、関西ジャニーズJr.を応援してきたファンの皆さんからは、「こんなに感動したことはない!」「みんなの夢が叶って本当に良かった」と祝福する声が多く上がっていた。

「なにわ男子自体は2018年10月6日に結成され、リーダーの大橋和也くん以下、藤原丈一郎くん、西畑大吾くん、高橋恭平くん、大西流星くん、道枝駿佑くん、長尾謙杜くんの7人で構成されていますが、かつて関西ジャニーズJr.にはジャニー喜多川さんが目をかけていた〝Kin Kan〟〝なにわ皇子〟という2つのグループがいたのです。ファンの皆さんには常識ですけど」

話してくれるのは、関西ジャニーズJr.に詳しい関西テレビ制作スタッフ氏だ。

「共に2012年に結成され、Ｋｉｎ Ｋａｎのほうがやや年上。なにわ皇子には当時10才の大西流星くんが参加するなど、ちびっこJr.的な扱いもされていました。しかし両グループが次世代の関西ジャニーズJr.を引っ張るであろうことは明白で、Ｋｉｎ Ｋａｎには平野紫耀くんと向井康二くんが。なにわ皇子にはその大西くんと西畑大吾くん、永瀬廉くんが所属。今回なにわ男子がデビューすることで、〝伝説の関西ジャニーズJr.ツートップ〟の全員が夢を叶えたことで、ファンの皆さんが〝萌えて〟話題になったのです」

Ｋｉｎ Ｋａｎにはもう一人、退所した〝Ｋ・Ｔ〟くんがいたが、彼はいち早く〝美容師〟という夢を叶えるために飛び出し、その夢を立派に叶えている。

「平野くん、永瀬くんが東京に移籍、少し時間はかかりましたがＫｉｎｇ & Ｐｒｉｎｃｅでデビューしたことで、特に永瀬くんは〝なにわ皇子を捨ててデビューを選んだ〟などと謂れのない中傷を受けた。向井くんも2019年1月に東京Jr.入りと同時にＳｎｏｗ Ｍａｎに加入し、関西Jr.ファンと東京Jr.ファンの両方からバッシングされるはめに。もちろんそれらはすぐに止みましたが、西畑くんと大西くんがデビューするまでは、全員どこか喉に小骨が刺さったような感覚だったでしょう」（関西テレビ制作スタッフ氏）

7月28日、なにわ男子のCDデビュー発表直後にTwitterでは「#なにわ男子デビュー」がトレンド1位を記録し、「#なにわちゃん」「#デビュー発表」といった複数の関連ワードもトレンド入りする盛り上がりを見せた。

さらにはそこに「#全員デビュー」がトレンド入りしたことで、いかになにわ皇子とKin Kanが愛されていたかがわかる。

「横浜アリーナ『なにわ男子 First Arena Tour 2021 #なにわ男子しか勝たん』昼公演、CDデビューの発表がスクリーンで行われた瞬間に嬉しすぎるサプライズにメンバーは大号泣。他のメンバーには申し訳ないのですが、僕は溢れる涙を必死に拭う西畑くんの姿に、心から〝良かったな〟と祝福を贈っていました。確かにJr.歴でいうと藤原くんのほうが7年も長いですが、この日のエンディングの挨拶で西畑くんが『**18歳の時に松竹座の先頭に立ったその日から、〝デビューするつもり〟はずっと持っていこうと。そこから6年経って、こうして実感は湧いていないですけど、デビューする運びとなります**』――と語っていたように、この6年間、彼が背負ってきた責任や戦ってきたプレッシャーを思うと、自然と涙が溢れていました」(同制作スタッフ氏)

西畑はなにわ男子のセンターであると同時に、長年、関西ジャニーズJr.のセンターとしても全体を引っ張ってきた。

個人では2014年に『ごちそうさん』、そして2016年に『あさが来た』と国民的なドラマ〝朝ドラ（連続テレビ小説）〟に出演し、全国的な知名度を得る。

また2020年には木村拓哉主演のスペシャルドラマ『教場』（フジテレビ系）でヒール役にも挑戦。今年は横山裕主演の深夜ドラマ『コタローは一人暮らし』（テレビ朝日系）に出演するなど、すでに役者として〝期待の若手役者10人〟に名前が挙がるほど活躍している。

それでも本人は――

『僕はなにわ男子のセンターであり、関西ジャニーズJr.のセンターに立たなければならない』

――と、強いこだわりを持っている。

『コンサートで先輩たちの楽曲で構成した『ジャニーズしか勝たんメドレー』を歌う前、その先輩たちの姿が浮かんできて、僕たちもそこに仲間入りすることが出来たんだと思うと、無意識に「この勢いのまま、もっともっと楽しんでいこうぜ!」――と叫んでいました。

デビューすることは心の底から嬉しいですけど、

デビューの日までもっと実力をつけて、

デビューしてからの〝本当の勝負〟に挑みたい。

だから今は、一旦嬉しい気持ちを封印しています。

そして「デビューまでの数ヵ月で関西ジャニーズJr.に何を伝えられるか?」

――それも僕個人に課せられた、Jr.としての最後の責任ですね』〈西畑大吾〉

その強い気持ちを失わなければ大丈夫だ。

なにわ男子と関西ジャニーズJr.の行き先に立ちはだかるものは何もないだろう――。

西畑大吾への二宮和也の思いやり

「なにわ男子がデビューして期待しているのは、西畑くんがYouTube公式チャンネル登録者数275万人を超える『ジャにのちゃんねる』に、菊池風磨くん、中丸雄一くん、山田涼介くんに続く5人目のメンバーになることです」

いきなりこう語ってくれたのは、二宮和也のレギュラー番組を担当する日本テレビのディレクター氏だ。

「最初はゲーム実況メインのチャンネルかと思ったら、この夏はキャンプロケをはじめ更新頻度を増やし、軒並み100万回再生を超えているじゃありませんか。ヤラしい言い方ですけど、西畑くんが〝二宮ファミリー〟の一員に加わるのはオイシイと思いますよ」（日本テレビディレクター氏）

西畑大吾と二宮和也の関係については、詳しく語らずとも皆さんご承知のことと思う。

2008年、東野圭吾原作のドラマ『流星の絆』（TBSテレビ系）で主人公を演じる二宮の演技力に魅了され、2011年に関西ジャニーズJr.入りして以来、ずっと二宮ファンを公言してきた西畑。

2016年頃には二宮と連絡先を交換したといわれ、翌年の2017年に日清オイリオグループのCMで共演、二宮主演の映画『ラストレシピ～麒麟の舌の記憶～』にもキャスティングされた。

「2020年、二宮くんが長らくCMキャラクターを務めるJCBカードでSnow Manの目黒蓮くんが弟役の設定で出演した時には、**「自分のほうが弟っぽいのに!」**——とヘソを曲げていたそうです(笑)。しかしそんな意味不明のヤキモチを妬くほど二宮くんに傾倒しているのは、『ラストレシピ』に出演した際、二宮くんからもらった〝アドバイス〟が理由だと聞いています」

(同ディレクター氏)

『ラストレシピ』の撮影が始まり、しばらく西畑の様子を窺っていた二宮。

そして西畑を呼び寄せると——

『現場を勉強する場にしたらダメ』

『自分が出ているシーンは自分が培ってきたものをすべて出せる、学校でいう〝テスト〟だと思って臨みなさい』

——と、短い言葉でそれまでの西畑の様子を諫めてくれたのだ。

『自分としては必死に〝何でも盗まなアカン〟っていう態度が、
二宮くんにはめっちゃ表に出て悪目立ちしてたんやと思います。
それに緊張しすぎて周りが見えてへんから、二宮くんの視線にも気づかなかった。
ホンマに目の覚めるお言葉でした』〈西畑大吾〉

二宮の教えを真摯に受け止められる西畑もまた、その素直な性格で演技力に磨きをかけていった。

そんな西畑を二宮も「かわいい後輩ランキング」で1位に挙げるほど目をかけ、西畑の名前を真っ先に挙げる。

さらに交流が始まって以降、西畑の誕生日にはメッセージとプレゼントを贈ってくれるという。

『仕事の現場やスタッフさんがたくさんいるところでは〝西畑〟と名字呼びなんですけど、LINEや電話では〝大吾〟と呼んでくださるんです。

めっちゃ嬉しいからお礼を言うと――

「今は〝ダイゴ〟というと千鳥（大悟）とウイッシュ（DAIGO）だけど、早く〝ダイゴといえば西畑大吾〟になれよ」

――なんて、超照れくさそうに（笑）。

そういう優しいところも大好きです』

ちなみに西畑が『欠かさずアプリで聞いてます。タイムシフトで』と言う、二宮のラジオ番組『BAY STORM』（bayfm）では、なにわ男子のデビューについてタップリと触れてくれている。

「二宮くんは7月28日の〝なにわの日〟にYouTubeチャンネルのことでジャニーズ事務所のYouTube担当やマネージャーと連絡を取り合っていたら、いきなりプツリと事務所からの連絡が途絶えてしまったといいます。『急に見向きもされなくなり、誰からも連絡がこなくなったんですよ』と、その時は何かトラブルでも起きたか心配になったそうですが、その日の午後には〝なにわ男子CDデビュー〟のニュースが入り、『これかよ！ これのせいかよ！』――とムッとしていたそうです（笑）」（同前）

二宮の言い分としては「言ってくれたらいいじゃないですか。〝今日こういう発表があってバタバタするから、ちょっと連絡が取れません〟とか」だそうで、それは間違いなく正論だ。


『それはホンマに。

別に直接的には僕らのせいではないけど、間接的にはせいかもしれません。

しかも二宮くんをイラつかせたとしたら、大変申し訳ない気持ちで一杯です。

でもあの日は二宮くんからも祝福のメッセージが入っていて、
それはラジオで言わはってた――

『芸能界のてっぺんを一緒に獲ろう』

――みたいなゴリゴリのメッセージじゃなくて、
もう少しソフトなボイスメッセージでした(笑)。

ただそこで〝ボイス〟を選ばはるところが、めっちゃ二宮くんっぽい。

『お祝いは言葉で伝えるものだよ』――って、前に教えていただいた通りだな～って』〈西畑大吾〉

ラジオでは——

『良かったですよね、本当に。

デビュー出来るということはいいことです』

——と、実感のこもった語り口調だった二宮和也。

2人の交流を知る者は多いが、二宮がこれほど西畑を可愛がっていたとは思わなかったのではないか。

そう強く感じさせるほど、この日の二宮の言葉には〝思いやり〟が詰まっていた——。

〝バラエティ番組を盛り上げるには〟――あの先輩からのアドバイス

『〝ペットの話をやりたい〟っていうのは、雑談の中で僕が話しました。きっかけは他局の番組になってしまうんですけど、外来種ハンターの先生と静岡の動物園に行ったことです』〈西畑大吾〉

テレビ朝日系『まだアプデしてないの？』スタッフ氏が番組でのエピソードを教えてくれた。
「7月に今やバラエティに引っ張りだこ、ジャニーズの先輩・A.B.C-Zの河合郁人くんがゲストに来てくれたんです。なにわ男子もNHK-BSPの『ザ少年倶楽部』をはじめ、東京の先輩の中ではずいぶんとお世話になっている先輩の一人。特に西畑くんは、グループ結成の頃に食事をしながら様々なアドバイスをもらったことがあるといいます」（『まだアプデしてないの？』スタッフ氏）
その河合をゲストに迎えてのオンエアでは、「ペットとの暮らし方」をテーマに番組が進行する。

「大金をかけて〝ペットファースト〟の暮らしを追求する飼い主に密着し、その驚愕の溺愛ぶりをリポート。愛犬のためにリモートワーク中心の部署に異動し、さらに愛犬と出かけるためにおよそ300万円のキャンピングカーを購入するなど、なかなか度がすぎた飼い主さんが登場しました」(同スタッフ氏)

〝ペットファースト〟にも様々な考え方があるが、冒頭のセリフにもあるように実は西畑が『ペットとか動物の話をやりたいですね』と、プロデューサーとの雑談で口にしたのが始まり。

『去年の11月にテレビ東京さんの〝池の水抜くヤツ(『緊急SOS! 池の水ぜんぶ抜く大作戦絶対! 出ちゃダメ!! 超危険ハサミ怪物&ウニョウニョ巨大魚560匹が爆弾増殖!』)〟に、恭平と出させてもらったんです。

前にジャニーズ初で出演した丈くんと謙杜から「めっちゃ楽しかった」と聞いていたので、でも僕らは池の水を抜くんじゃなく、外来種ハンターの先生と静岡の動物園に。

一瞬ガッカリもしたんですけど、カミツキガメに足を噛まれるよりマシやん……と(苦笑)。

超貴重なシロサイに触れたり、なかなか貴重な体験をさせていただきました』〈西畑大吾〉

その時の体験に加え、なぜかなにわ男子に発生した〝カワウソブーム〟のせいもあってか、『とにかくペットをやりたい』と西畑が提案したのだ。

しかもそれは西畑だけではなく、メンバーも待ち望んだテーマだった様子。

建築士に依頼して5匹の愛猫のために1，000万円をかけて自宅を改造した飼い主が紹介されると、いきなり目を輝かせたのは大西流星。

『こういうの、めちゃくちゃ憧れですよ。超理想』

――などとリアクションし、VTRに奇声を上げる。

『流星のああいうリアクション、僕は好きですね。

いつも自分の気持ちをストレートに表現する。

他のメンバーがそうじゃないという意味ではなく、

僕は流星が10才の頃から知ってるので、ずっとああいうリアクションは変わらない。

変に頭の中でこねくりまわすよりも、よっぽど視聴者の皆さんに伝わるんちゃいますかね』〈西畑大吾〉

鋭い分析と、卓越した人間観察力だ。

また先輩の河合は、MCのニューヨーク・屋敷裕政とひょんなことから〝リモート飲み〟をする関係で、過去に当番組で屋敷が自慢げに語ったことに触れ、「その回を見ていた」と証言。サクッとひと盛り上がりをさらっていった。

『河合くんのああいうところはホンマにスゴい。

この番組にブッキングされた時から、ずっと見てくれていたんです。

ここ（収録）で話すネタを拾うために。

そういえば以前、河合くんに――

「レギュラー番組で共演するタレントさんや芸人さんが出演している番組は、時間が許す限りしっかりとチェックすること。

そうすればそのうち〝あの番組見ましたよ〟のひと言からきっかけが広がる。

相手の方は、まさかジャニーズのアイドルが自分の番組を見るハズがないと思ってるから、余計に話が広がって距離感が縮まる」――って言われたことがあって、

まさにあの時のセリフが〝目の前で起こってるやん!?〟でした』〈西畑大吾〉

先輩の技は盗めるだけ盗んでおこう。
いずれ必ず自らの〝武器〟として役に立つときが来るはずだから。

西畑大吾が思い描く〝なにわ男子の未来〟

『今回、僕らの『なにわ男子 First Arena Tour 2021 #なにわ男子しか勝たん』が、有観客ライブとしては約1年半ぶり。
その間、ファンの皆さんにもずっと会えていなかったので、CDデビューはもちろん嬉しいですけど、やっぱり「なにわ男子はライブありき」だということを実感しましたね』〈西畑大吾〉

あの歓喜の〝なにわの日〟からしばらく後、興奮の毎日が少し落ち着いた西畑大吾は、テレビ朝日系『まだアプデしてないの？』スタッフ氏に最近の心境を明かしたそうだ。

『当たり前が当たり前じゃない。
だからこそ〝ありがたみ〟がよくわかりました』

「収録の合間にMCのニューヨークと前室で打ち合わせをしていたら、ひょっこり西畑くんが現れたんです」（『まだアプデしてないの？』スタッフ氏）

西畑はスタッフ氏に『今さらですけど、ライブ（に来てくださって）ありがとうございました』と丁寧に頭を下げ、『何か肝心のお礼を忘れてました』と言って笑った。

「以前からよく西畑くんとは〝ライブやりたい〟〝見に行くよ〟みたいなやり取りをしていて、今回も現地で言葉を交わしていたのですが、『**興奮しててどなたとどんな会話をしたか覚えてないんです**』

――なんてバカ正直に照れ笑いしていました」（同スタッフ氏）

スタッフ氏によると西畑はこう言って、真面目に気持ちを打ち明けていたそうだ。

『アイドルにはいろんな仕事がありますけど、

僕はアイドルの本業は〝ライブ〟だと思っています。

「そもそも〝アイドル〟の定義は何やろ？」って考えた時、

それは哲学みたいなもので人によって解釈が変わりますよね。

僕でいえば、ファンの皆さんの前で〝歌って踊るのがアイドル〟だと思うんです。

だからライブをめっちゃ大切にしたいんです』

「そのためには『まず自分たちが思いっきり楽しまないと、そんな自分たちを見てファンのみんなが幸せな気分になれない』――とも。ライブに懸ける西畑くんの想いは本物です」(同前)

新型コロナ感染が猛威をふるう前は、少なくとも年に1回のツアー、さらには関西ジャニーズJr.全体としての定期公演などで、自分たちを応援してくれるファンと〝会えるのが当たり前〟だった。

先ほど、西畑がスタッフ氏に『当たり前が当たり前じゃない。だからこそ〝ありがたみ〟がよくわかりました』と呟いたセリフをご紹介したが、加えて――

『それを痛感した今だからこそ、より大切に、より大事にライブ作りをしていきたいと思うんです』

――と、西畑は続ける。

『いくらデビューが決まってCDをリリースしてもコロナ禍の状況次第では、SnowManやSixTONESのようにデビューツアーを思い通りに出来なかったりする。今後のことはどうなるかわからないけど、それでもそこに向けて〝一生懸命に努力する〟ことが、僕たちに出来る〝最低限の務め〟だと考えてますね』〈西畑大吾〉

そんな西畑は、プロデューサーでもある関ジャニ∞・大倉忠義から──

『デビューのご褒美に何が欲しい？』

──と尋ねられ、

『コロナ禍が収まったら、なにわ男子でハワイに行きたいです！』

──と、おねだり（?）したらしい。

「〝何でハワイなの？〟と聞いたら、『先輩方はみんなジャニーさんからご褒美でハワイやラスベガスに連れていってもらえたと聞いていて、大倉くんは僕らにとって〝第2のジャニーさん〟なので、そこは受け継いで欲しいなと』──だそうです」（前出スタッフ氏）

なにわ男子のメンバー7人について――

『デビュー前もデビュー後も、もっと言うなら5年後も10年後も、今と同じ空気感でしょうもないことで笑い合えるような仲でいたい』

――と語る西畑大吾。

『普段の僕ら、ホンマにしょうもないことで爆笑して止まらなかったりするんですけど、僕はその時の雰囲気や空気感、バランスがすごく好きで心地いいんです。僕らはグループとしてはまだ3年で、CDをリリースしてる組では一番キャリアが浅い。だからこの先何があるか不安でもあるけど、今は7人で活動するのが何よりも楽しいし、7人ならば何でも乗り越えられる気がしてます。きっと僕らには〝しょうもないことで笑い合える未来〟が待っていると信じてます』〈西畑大吾〉

ファンの皆さんも、きっとそう信じてると思う――。

第2章

なにわなくとも！

大西流星

Ryusei Onishi

大西流星が掴んだ〝役者としての確信〟

『ちょっとハッキリと言いたいことがあるんです』

TBSテレビ『クイズ！THE違和感』ディレクター氏は、本人いわく「他愛もない雑談」の最中、キッと目を吊り上げた大西流星から、こんなクレーム（？）を受けたそうだ。

『みんな大ちゃんとみっちーのことを〝ドラマ班〟って言って、なにわ男子には2人しかちゃんとした役者がいないようなイメージですけど、僕だってお芝居にはそれなりに自信があるし、大ちゃんやみっちーくらいいろんな作品に出させてもらったら、結果を出す自信もあるんですよ！』

「まあ、だいたいそんなニュアンス……なんですけど、あのいつもニコニコして僕らの前では声を荒げない大西くんなので、結構驚いたのは本当です」（『クイズ！THE違和感』ディレクター氏）

一体、なぜそんなことになったのか？

それは収録の合間の雑談で、ディレクター氏が昨年の『メンズ校』について「大西くんは流行りの〝あざカワ系〟だよね。男には珍しいけど」と、何気なく感想を溢したことが始まりだった。

「僕は大西くんは確信犯だと思っていたんです。そもそもニックネームも〝りゅちぇ〟で、完全にカワイイ系の男子じゃないですか？『年下彼氏』も『メンズ校』も、大西くんの芝居は〝あざとカワイイ〟あざカワ系でしたからね（苦笑）」（同ディレクター氏）

しかし大西は、〝見た目のイメージやキャラクターに頼って演じている〟と思われることを、実はあまり快く思ってはいなかったのだ。

『確かに大ちゃんとみっちーは僕が見ても「スゴいな〜」って感じるぐらい、毎回、別の引き出しを開けてお芝居をしていると思います。

そんな2人のお芝居を僕は好きだし、めっちゃ応援もしてる。

でもさ、それと僕のお芝居が〝あざカワ系しか出来ない〟みたいな言われ方をされて、「なにわ男子のドラマ班は西畑と道枝」と決めつけられるのは、僕としては「ちょっと待ったー!」と手を挙げたくなるんですよ』〈大西流星〉

ディレクター氏もそこまでは言ってないし「そんなことはまったく思ってない」のは、我々が証言しよう。

しかし今の時代、様々な雑音が耳に入ってくるのはやむを得まい。

そもそも大西は10才でジャニーズ事務所に入所した翌年、連続ドラマ『スターマン・この星の恋』(フジテレビ系)に出演。主役でもある広末涼子扮するシングルマザーの息子役に抜擢され、ドラマ初出演ながらその芝居センスが注目された新星――になるはずだった。

「大西くんの連ドラ出演は、それから昨年の『年下彼氏』までありません。ただし映画には2014年公開の『忍ジャニ参上！未来への戦い』、2016年公開の『関西ジャニーズJr.の目指せ♪ドリームステージ！』、2019年公開の『映画 少年たち』に出演しています。しかし残念ながら〝なにわ男子のドラマ班〟と胸を張れる実績は残していませんね」（芸能誌ライター）

だがそんな大西に訪れた起死回生のチャンスが、今年の1月に関西ローカルのMBSテレビでオンエアされ、この7月にはCS放送のホームドラマチャンネルで再放送された、連続ドラマ『夢中さ、きみに。』の主演だった。

「和山やま作の人気コミックが原作で、個性的な男子高校生の日常を淡々と描く青春群像劇です。主人公は大西くんが扮するミステリアスな高校2年生の林美良で、同時に高橋文哉くん扮する〝中学時代にモテすぎたトラウマから同級生とコミュニケーションを絶つ陰キャ〟二階堂明の話が時系列を飛び越えて交錯する、一風変わった作品。大西くんはミステリアスでマイペースな主人公を、ごく自然に演じきっています」（同芸能誌ライター）

おそらく大西は、このドラマで手応えを掴んだのだろう。

『自分で言うのも何だけど、
あの作品では〝セリフのない表情〟や〝仕草だけのシーン〟にめっちゃ自信があるんです。
監督さんからは「遠くを見て」と指示されただけでも、
その時の美良がどんな心境だったのか思いつくままノートに書き出し、
それに自分でセリフを付けてみて。
本番では心の中で、そのセリフを読み上げながら芝居をしていました』〈大西流星〉

その方法が上手くハマったことで、自信が確信に変わった大西流星。
ここからの急成長で、ドラマ班のトップに成り上がって欲しい。
〝役者・大西流星〟の今後の成長を楽しみにしよう——。

人には言えない（?）大西流星の〝部屋の秘密〟

「流星くんも20才ですからね。ルックスがキュートでも、自分の部屋はクールでスマートに決めて欲しいと思うのがファン心理。いくら憧れの先輩でも、Ｓｅｘｙ Ｚｏｎｅの佐藤勝利くんのポスターが貼ってあるのはいかがなものでしょう（苦笑）。というか額に入った絵画をリビングや玄関に飾っているのならともかく、寝室にもなっている部屋に佐藤勝利くんは……。だって明らかに『**勝利くん。オヤスミなさい**』……とかポスターに囁いてから電気消してるんですよね（爆）？」

『勝利くん。オヤスミなさい』と囁いていたかどうかはともかく、一時期、大西流星の部屋が〝佐藤勝利グッズだらけ〟だったのは間違いないようだ。

話してくれたのは、藤原丈一郎とプライベートでも連絡を取り合う映像作家氏。

「話を聞いたのは去年なので、今はもうすべて取り除かれているかもしれません。でも丈くんが流星くんの部屋に遊びに行くと、壁にはSexy Zoneのポスターが貼ってあり、その傍らには佐藤くんのうちわやアクリルスタンドが飾ってあったそうです。周囲を探索すると、明らかに雑誌の付録で〝折り目〟が入っているポスターもあったそうです」（映像作家氏）

〝後輩だから〟と折り目が付いていないポスターを〝業界パワー〟でもらい受けていない分、好感度は上がる……ワケではないか。

「たとえば自分の部屋に自分が写っているポスター、うちわ、アクリルスタンドが並んでいるならともかく、丈くんに言わせると『**ぶっちゃけ自分のグッズでも少し恥ずかしいけど、流星の部屋は単なる勝利担の部屋と同じだった**』――と。どうせならサッカーや野球のサイン入りユニフォームじゃないけど、勝利くんから譲り受けた〝一点モノ〟を堂々と飾っていたら『**それは許せた**』――そうですけど（笑）」（同映像作家氏）

さらに大西は、別のチクリによると――


『小学生の頃から机の上に何も置いてなくて、教科書やノートが全然ない。

それで不思議に思ってたら『みんな使わへんからここに入ってる』――って、
大きめの引き出しに何から何までぶち込んでるんです。

あれじゃいくらスペースがあっても、何がどこにあるかわからないから勉強せえへんでしょ。

まったく』

――と、かなりのイメージダウン（笑）？


『ちょっと待って！

それチクった人もそんなに勉強出来へんから。

それに机の上で学ぶことだけが勉強なん？

僕は同学年の子らより何年も早く社会に出て、たくさんの大人たちから数えきれないほど学んだよ。

具体的には忘れたけど（苦笑）』〈大西流星〉

皆さんも大西の部屋を〝小学生の頃から〟覗いているメンバーといえば、〝あの彼〟しか思い浮かばないだろう。

そう、超高級イタリア製本革ソファをリビングに置き、輸入した革製品用オイルで磨き上げる男、西畑大吾だ。

『これはあまり言っちゃいけないと思ってたんですけど、大ちゃんは臨時ボーナスみたいなお金が入ると、そういうコテコテの関西人系の趣味が出て、「そんなん買わんでもエエやん!」っていう、この前なんか〝めっちゃ薄暗いライト〟とか買ってるんです。間接照明をさらに間接にしたような……それでも点ければ電気代かかるからムダでしょ。何かあれ、実用性よりも自分の美意識を優先してる感じ』〈大西流星〉

何やら〝逆襲〟しているようにも感じるけど(苦笑)。

「丈くんによると、流星くんや自分は8才とか10才の頃から関西ジャニーズJr.にいて、ちょっとカッコつけたいというか、反抗期には〝俺はJr.だから部屋に入るなよ〟とお母さんに言ったりして、そうやって何でもかんでも引き出しに入れちゃうような行為を、『僕には理解出来る』と話していました」（前出映像作家氏）

藤原の話では――

『流星や自分は関西ジャニーズJr.だったから、反抗期になっても一歩外に出たら笑顔を絶やしちゃいけないし、子供ながらにそのストレスが出るのか、部屋の中は本当にゴチャゴチャしていた』

――のだと。

「でもそういう丈くんに〝どんな部屋か？〟とか〝お気に入りのインテリアは？〟とか聞いても、めっちゃはぐらかす。間違いなく流星くんよりダサいのでしょう（苦笑）」（前同）

どちらがダサいかはさておき（笑）、2人とも〝なにわ男子〟としてデビューして、これから大きく羽ばたいていくわけだから、そろそろ自分の部屋にも気を配ったほうがいいのかも。

『さんま御殿』出演で上り始めた〝第一歩〟

『オンエアがどうなってるか、もちろんリアルタイムでチェックしました!
……いやゴメンなさい、本当は録画です。
きっとこういう風に取り繕ってしまうところで、
さんまさんの〝お気に〟になれんかったのかな?
まだまだ諦めてませんけど』〈大西流星〉

今年の7月13日にオンエアされた『夏の超特大さんま御殿!!3時間スペシャル』(日本テレビ系)に出演し、遂に念願の『御殿初出演!』の目標をクリアした大西流星。

『なにわ男子はアイドルですけど、関西人として個人で『さんま御殿』に呼んでいただけるのは、タレントとしての階段を本格的に上り始める第一歩。

以前、関西の番組でご一緒させていただいたことはあるんですけど、ゴールデンタイムの全国ネットは、上手くさんまさんにハマれば一気に知名度が上がる』

収録前にはそう言って意気込みを語っていた大西流星だが、残念ながら今回の出演は、エピソードトークとしてはギリギリで1勝1敗の評価。

しかしながら同じパートに出演していた麒麟・川島明は――

『大西くん、気にすることはないよ。

確かにスベってはいたけど、さんまさんがあれだけ絡んでくれたんだから、お茶の間にはめっちゃインパクトを残せたんやし。

上出来やったんちゃう？』

――と褒めてくれたのだ。

『いや本当に、何を言ってもさんまさんに否定されて、リアルに落ち込みました。
でも川島さんのひと言はすごい励みになって、
〝どんな風に編集されているのか〟録画した番組を見るのが、
めちゃめちゃ楽しみになったんです』〈大西流星〉

なにわ男子の間柄が気になったさんまは、ストレートに「ケンカしたことあるやろ」と大西にぶつける。

しかし大西は――

『ケンカはしないです。
もし揉めたとしても、収録になると円陣を組んで、
〝そこで一旦プライベートと仕事は分けよう〟――みたいな感じになります』

――と返すと、さんまはその〝円陣〟に食らいつく。

「さんま師匠の前では下手なことが言えない、典型的なやり取りになりましたね（笑）」

話してくれたのは『踊る！さんま御殿!!』スタッフ氏だ。

「〝円陣〟という、視聴者はめったに見たことがない、だけどどんなものかはだいたいわかるようなワードを取り上げ、ツッコミどころかどうかを見極めるのがさんま師匠のテクニック。大西くんは師匠に慣れてないから、〝これを言ったらツッコまれる〟感覚がなかったので、普通に受け答えをしてしまった」（『踊る！さんま御殿!!』スタッフ氏）

さんまが――

『（円陣は）どういう掛け声？』

――と尋ねると、大西は『えっと……』と少し考えて、

『おまえら！』

――と叫んだ。

瞬時に「(この話にオチをつけるなら〝嘘つき〟呼ばわりやな)」と感じたさんまは——

『今作ってるやろ、それ。

そんなんアカンで。

テレビ出たいからウソついて』

——と、大西をツッコんだのだ。

「大西くんは大西くんで、必死にさんま師匠に喰らいつこうとしました。その時、師匠がフリで**『ホンマか?』**とパスを出したものの、大西くんはそれに気づかずパニックになってしまったのです」(同スタッフ氏)

そこはひと言「ウソついてました」でも構わない。そうすればさんまは、それに対してのリアクションを取れたのだ。

「とはいえ本当に大西くんに見切りをつけたわけではありません。それからも他の出演者のトークに割り込んでくる大西くんにダメ出しをしながら、彼をオイシくしてくれたのですから」(同前)

しまいには――

『（ボケどころが）ムチャクチャや。

俺、今日無視ね』

――と、ワザとドン引きする仕草で突き放し、ここまでのやり取りに〝盛大なオチ〟をつけてくれたというわけだ。

『ＶＴＲを見直してみて、

ようやくさんまさんが僕をリードしてくださっていたことがわかりました。

あの場にいたら一方的にスベっている感覚しかなかったんですけど、

番組を見たら僕との絡みで〝起承転結〟が出来ていた。

こんな幸せな体験、もったいないぐらいです』〈大西流星〉

しかし大西も、一方的に手も足も出なかったわけでもない。

「なにわ男子のコンサートの下りは、いかにも旬のアイドルエピソードで面白かったですね。ファンの皆さんがファンサービスへの要求がエスカレートして、〝ファンサうちわ〟にメッセージではなく質問を書くようになった話は、いかにも関西っぽくてよかったですよ」(同前)

〝投げチューして〟や〝ピースして〟の進化系として〝質問〟が登場。

〝この中で誰が好き?〟と書かれたうちわと〝私〟〝佐藤勝利〟〝両方〟という選択肢を見せられたり、〝ジャンケンしよ〟のうちわを見せられたり。

「大西くんは『**めちゃくちゃソロパートの時なのに、カメラに抜かれててもジャンケンしてたりするんです。関西のグループなんで、ボケるファンの方が多い。すごい面白い方が多いですね**』——と披露したエピソードは、当日の出演者では彼にしか語れないエピソードでしたからね」(同前)

明石家さんまの〝チェックノート〟には、しっかりと「なにわ男子 大西流星」と記されたに違いない——。

決死の覚悟で番組に臨む、なにわ男子の〝ぶっとい絆〟

この4月からスタートしたテレビ朝日系『まだアプデしてないの？』は、なにわ男子のメンバーにとって――

『東京で本当に勝負出来るか、僕らの中では〝最後のチャンス〟と思っていました』

――と、大西流星が〝今だから明かせるエピソード〟を話してくれた。

『なにわ男子のCDデビューが決まり、実際のところみんなホッとした状態になってますけど、もともとは――

「この番組を失敗したら解散まで関西Jr.のままや」

――っていう焦りは大きかったです』〈大西流星〉

他のエピソードでもお話ししているが、今年の1月になってなにわ男子の前に大きく立ちはだかっていたのが、「2023年3月31日に22才になっているメンバーは、事実上のジャニーズJr.卒業。2024年以降は22才になって初めて迎える3月31日に事務所との契約について話し合う」という、ジャニーズJr.の新ルールだった。

『僕らはその時、7人中4人が該当してしまう。
ジャニーズJr.には他にも東京にTravis Japan、HiHi Jets、美 少年、7 MEN 侍、少年忍者、Jr.SP、IMPACTorsがいて、
関西にもLilかんさい、Aぇ! group、Boys beがいる。
すべてのグループに〝チャレンジ〟するチャンスがあるとして、
一つのグループに回ってくるチャンスは「せいぜい1回か2回やろ」と、
みんなでガチに話し合ったこともあります』〈大西流星〉

最初にチャンスをもらえたなにわ男子は、1周回って次のチャンスも早いかもしれない。

しかし彼らは〝『なにわ男子と一流姉さん』で何の結果も出せなかった〟ことを痛感しているのだ。


『自分らで言うのも何ですが、あの番組はかなり期待してもらっていたと思います。

でも、いくら僕らが当時は関西Jr.やいうても、
立派なゲストを迎える番組が1クール(3ヶ月)で終わってしまった。

コロナ禍でトーク番組の制作が難しくなっていても、番組が面白ければ絶対に続いたはず。

僕らにはまだ、ゲストの話を広げる技量が追いついてなかったんです』〈大西流星〉

——意外なほど冷静に、真正面から敗因を受け止めていた当人たち。
「だからこそ『まだアプデしてないの?』には、それぞれが決死の覚悟で臨んでくれています。
初回収録後の囲み取材でも、メンバーそれぞれが積極的に意気込みを話してくれていました。あの時、
最も印象に残ったのが、大西流星くんの目立ちぶりです」(番組スタッフ)

大西は番組について尋ねられると、最初に西畑大吾の名前を挙げ――


『大ちゃんとは入所当時からずっと一緒に活動させていただいてるんですけど、MC力というか、自分以外の6人全員にしっかりとトークを振ってくれるし、めちゃくちゃ助けてもらってる。

真ん中にいるだけで落ち着く、すごく心強いパートナー』

――と、西畑の能力の高さをアピール。

するとお返しとばかりに西畑は長年の相棒に対する信頼感を笑顔で語った。


『僕がMCをさせていただく機会があって、困った時に流星に振ると、100点以上のコメントを返してくれるので、すごく頼りにしてます。

そのワードセンスがいいんですよ。

ツッコミに対しても、いろんな角度からボキャブラリーが多いというか、日々アップデートされているので』

この時、取材をしていた芸能マスコミは、まさか彼らが――

『絶対に番組を面白くする！
成功させてやる!!』

――と、悲壮なまでの決意を抱いていたことなど知るまい。

『やっぱりなにわ男子は大ちゃんが真ん中で仕切ってこそ、
グループとしても魅力が際立つと思うんです。
大ちゃんが真ん中にいるからこそ、
年上コンビはノビノビと、
年下４人はわちゃわちゃと好き勝手に動ける。
別の誰かが仕切ろうとしても、ちゃんと車輪が噛み合わない』〈大西流星〉

『僕らは長年Jr.で耐えてくれた丈くん、リーダー。
2012年からずっと一緒にいる大ちゃんと僕。
2014年のオーディション同期の恭平、みっちー、謙杜。
バラバラに見えて、この3組の絆はめっちゃ強い。
そしてグループを組んで3年やけど、
それぞれが外側からお互いをめっちゃ意識して、認め合ってやってきた。
3年もあれば、僕らの絆はより強く、
誰にも負けへん〝日本一ぶっとい幹〟になってますよ』〈大西流星〉

その重い言葉を、僕らはみんな信じている——。

第3章

なにわなくとも！

道枝駿佑

Shunsuke Michieda

〝ラブコメ初出演〟に懸ける想い

この10月にスタートするテレビ朝日系オシドラサタデー『消えた初恋』にW主演するのが、道枝駿佑とSnow Manの目黒蓮だ。

「道枝くんは西畑くんと並ぶ、なにわ男子〝ドラマ班〟。一方の目黒くんはこのところすっかりバラエティ浸けですが、Snow Manとしては長身で甘いマスクの目黒くんを〝もっとドラマで使いたい〟のでしょう。このドラマが一つの分岐点になると思います」(テレビ番組情報誌デスク)

原作は別冊マーガレットで連載中の同名作品で、作画・アルコ、原作・ひねくれ渡による少女漫画の実写化。

クラスメイトの橋下さんに片思い中の青木くんを道枝が、そんな青木くんが〝自分のことを好きかもしれない〟と勘違いをする硬派男子の井田くんを目黒が演じる、一風変わったラブコメディー。原作は『このマンガがすごい!2021』オンナ編9位にランクインしたほか、第11回ananマンガ大賞では準大賞となった注目作。

「目黒くんはＳｎｏｗ Ｍａｎ・向井康二くんに頼み、道枝くんとは〝すぐに連絡先を交換した〟そうで、ドラマでは初共演の道枝くんについて『まだ19歳でフレッシュさもあるし、制服の着こなしもさすがだなと思いました。僕は学生役もしたことがないし、実際学生服もブレザーじゃなくて学ランだったので、道枝くんのフレッシュさに引っ張ってもらいたい』――と共演を心から楽しみにしていました。ただ向井くんに道枝くんの素顔を聞いても、『ようおる関西の子』としか返ってこなかったので、本当は『仲良くないんじゃないか……というより、康二は相手にされてなかったんじゃない？』――の疑惑は残っているそうです（笑）」（同テレビ番組情報誌デスク）

さらに目黒は――

『今はこういう状況なので難しいですけど、コロナ禍が落ち着いたら「一緒にご飯を食べにいきたいね」――と、ずっと話しています。いろいろと深い話をしたら、〝すごく話が合いそうだな〟って感じているので』

――と、道枝に興味津々で〝積極的に絡んでいきたい〟とも。

『それはホンマに嬉しいですね。
僕、東京に来ても（永瀬）廉くんぐらいしか話せる人おらへんし、
将来のためにも人脈は築かなアカンもん（笑）。
ドラマについては、別冊マーガレットの作品は愛読書。
『消えた初恋』も読んだことがあるので、
マネージャーさんからこのドラマのお話をうかがったときには、
すぐに「やらせてください」とお願いしたぐらい、
クランクインの前からワクワクしていました』〈道枝駿佑〉

また目黒に対してはこう語る——。

『衣裳合わせの日に目黒くんが制服を着て出てきた瞬間——
「井田や！」と思いました（笑）。
井田役は目黒くんしかいない。
「そのまんまやん」——と、ある意味感動してました』

さらに今回、ラブコメに出演するのが初めてということもあり、心配する自分のファンには——

『これはドラマのジャンルの一つやから、僕と目黒くんの芝居をちゃんと見届けて欲しい。

原作ファンの皆さんが持っている作品イメージを崩さず、

自分なりに青木くんを理解して、

とにかく「素直な気持ちで演じられたらいいな」——と思ってるので。

ピュアな高校生たちの青春物語。

僕も目黒くんもそんな青春は経験出来なかった分、

〝ドラマの中で楽しもう！〟って決めてるから』

——と、精一杯のメッセージを贈る。

『青木くんと僕は、不器用なところがすごく似てる（苦笑）。
原作を読んでいた時に「ちょっと言葉足らずなところがあるなぁ」……とか、
思ってることを井田くんにどう伝えていいのかわからなくて、
必死に言葉を探して自分の想いをようやく口にすることが出来る点とか、
僕にもそういうところがあるんです。
自分で自分を演じるやないけど、これまでにやらせていただいた役の中から、
〝僕に最も近い〟のは青木くんかも』〈道枝駿佑〉

そこまで言われたら、絶対に見逃すわけにはいかない。
目黒蓮との共演も楽しみにしつつ、〝素の道枝駿佑〟を垣間見れることも期待しよう。

道枝駿佑に誕生した〝良きライバル〟

8月21日、22日にオンエアされた、日本テレビ系『24時間テレビ44 想い〜世界は、きっと変わる。』で放送されたドラマスペシャル(21日OA)『生徒が人生をやり直せる学校』に、その〝人生をやり直す側〟の問題児として出演した道枝駿佑。

『『24時間テレビ』ドラマスペシャルの主要キャストにJr.が起用されると、昔から〝CDデビュー候補に認められた〟といわれるほど、Jr.内で伝説になっているんです。僕も撮影中はJr.やったから、そのジンクスに乗った側の人間ですね(笑)』〈道枝駿佑〉

スペシャルドラマの主演は、『24時間テレビ』メインパーソナリティのKing & Prince・平野紫耀。

『僕は2014年11月に関西Jr.入りして、
平野くんとは活動らしい活動は一緒にしていなかったけど、
でもずっと見てきた先輩ですし、
廉くんと2人は関西Jr.出身で、僕らにとっては身近で励みになる存在』〈道枝駿佑〉

今作は作家・黒川祥子氏によるルポルタージュ『県立！再チャレンジ高校 生徒が人生をやり直せる学校』が原作で、俗に〝底辺校〟と呼ばれる県立高校を舞台に、現代の格差社会で生徒たちが抱える様々な問題に寄り添い、奮闘する教師たちの戦いを、新任体育教師の葛藤や成長と共に描くストーリーだ。

主演の平野が、ポンコツだけど熱血の県立槙尾高校の新任体育教師、樹山蒼一を演じ、同じく新任英語教師の岡部薫子に浜辺美波。

道枝は槙尾高校の問題児の一人、木の葉陸也を演じた。

『ここ最近で出演させていただいた『BG〜身辺警護人〜』や『俺の家の話』は連ドラでしたけど、
単発のドラマスペシャルは出演された方とあまりゆっくりとお話が出来なくて、
〝現場で浮いてしまうんやないか〟……と心配していました。
ところがそんなことは全然なくて、
ちゃんと〝お目当ての方〟とも話が出来て刺激をもらいました』〈道枝駿佑〉

お目当ての方だなんて、まさか浜辺美波? それとも同じ生徒役の桜田ひより? 田辺桃子? 河合優実?
……などではもちろんなく、生徒役は生徒役でも、昼夜働く母の代わりに3人の弟妹たちの世話で疲れ果てている乃木翔を演じた、板垣李光人《いたがきりひと》だった。

『板垣くんは早生まれで今年の1月に19才になった、つまり同い年でも学年は先輩。
そんな同世代の親近感に加え、ジェンダーレスの美しさというか、
「芸能界でも特別な雰囲気を持ってるな〜」って、ずっと注目してたんです。
やっぱり同世代の役者さんは気になりますからね』〈道枝駿佑〉

2002年1月28日生まれの板垣李光人は、櫻井翔主演の『先に生まれただけの僕』や『仮面ライダージオウ』で注目され、直近ではNHK大河ドラマ『青天を衝け』の徳川昭武(徳川慶喜の弟)役が話題になっている。

「現場では話しかけたいのにチラ見するだけの道枝くんが可愛かったですね(笑)。板垣くんはいかにも〝人見知りのオーラ〟を纏っていて、実際に彼が自分から話しかけにいったのは平野紫耀くんぐらいじゃないでしょうか。浜辺美波さんとは以前に映画で共演しているそうですが、今回は共演シーンがほとんどなかったので」(日本テレビ番組スタッフ氏)

ただそんな中でも道枝は、勇気を出して――

『板垣くんの役って、めっちゃ難しそうやね』

――と声をかけてみたという。

『こういう時に関西弁はホンマに便利で、声をかけられたほうに警戒感は生まれないみたいです（笑）。板垣くんも最初は〝（えっ？）〟って顔をしてたけど、ニコッと笑って――

「そうなんですよ。しかも僕は一人っ子だし」

――と返してくれたぐらいで』〈道枝駿佑〉

道枝自身も『正直、仲良くなって連絡先を交換――まではいってない』とは認めているが、それでも――

『板垣くんが――

「樹山先生（平野）に対しての気持ちの向き合い方を自分では大切に細かく描いているつもり。その過程がずっと楽しい」

――と話してくれたのが、めちゃめちゃ刺激になりました』

――と、貴重な時間について明かしてくれた。

『僕はこれまで『BG～身辺警護人～』では木村拓哉さん、
『俺の家の話』では長瀬智也さん、そして今回は平野紫耀くんと、
頼りになる先輩方と共演させていただいても、
板垣くんのように「キャラクターを作り上げていく過程が楽しい」とか、考えてみたこともなかった。
その他にも板垣くんは、二宮和也くんが主演した『車イスで僕は空を飛ぶ』という作品が、
「24時間テレビのドラマスペシャルで一番印象に残っている」――とか話せて、
ホンマに楽しかったですね』〈道枝駿佑〉

次は自分が出演するドラマ、演じた役で――

『板垣くんを唸らせたい』

――と言う道枝駿佑。

同年代だからこそ、〝良きライバル〟の誕生の予感がする。

『小枝』新キャラクター就任で得た〝ヒント〟

『いや～、ハッキリ言ってあの時ほど、自分の名字が〝道枝〟で良かったと思ったことないし、全国の〝道枝〟さんにも名字を誇りに思って欲しい。だって「〝小枝〟のこと知らん、食べたことない」っていう人、世の中におるん？』〈道枝駿佑〉

皆さんもご承知の通り、道枝駿佑は今年で発売50周年を迎える森永製菓のチョコレート『小枝』の新キャラクターに就任した。

「道枝くん本人も自慢する通り、森永『小枝』を見たこともないし聞いたこともない、ましてや食べたこともない——という日本人のほうが、圧倒的に少ないと思います。そんな有名なチョコレートの、それも記念すべき発売50周年の新キャラクターになれるなんて」

大手広告代理店クリエイター氏は、「道枝くんは〝枝〟がらみの名前でキャラクター候補に挙がったのは確かですが、それだけで（当時は）一介の関西ジャニーズJr.に声はかかりません。道枝くんの持っている清潔感と抜群のルックス、さらには確かな将来性を加味し、〝彼ならば関西ジャニーズJr.のメンバーでも全国区のキャラクターを任せられる〟と判断されたからこそ、こんな大仕事に抜擢されたのです」と明かす。

道枝は小学生の頃、イジメとまではいかないが、〝道枝〟という珍しい名字が〝ネタ〟になったこともあったと振り返る。

『通学路の木に向かって〝しゅんすけ〜〟と呼びかけて〝この枝とちゃうな〟と言われたり、〝道枝せんと帰れよ……〟って、それを言うなら道草や〟などとボケられたり。今考えたらめっちゃレベルの低いネタですけど、連発されたら小学生にはしんどい（笑）』〈道枝駿佑〉

その〝名前〟が、まさに『小枝』のキャラクターへと導いてくれることになろうとは、小学生の頃の道枝には想像もつかないだろう。

「新キャラクターの道枝くんは『小枝』を擬人化した50才の〝小枝パイセン〟と共に、WEBサイトをはじめ様々なメディアへとキャンペーンを展開します」〈大手広告代理店クリエイター氏〉

このWEBサイトには、ちょっとした仕掛けが施されている。

「それがサステナビリティに関する知識をクイズ形式で楽しく学ぶ、新WEBコンテンツ『エ小枝（エコエダ）検定』です。さらに『エ小枝検定』を道枝くんが紹介する、WEBムービー〝小枝パイセンと道枝の『エ小枝検定』うけてみた〟も公開されています」〈同大手広告代理店クリエイター氏〉

撮影では〝小枝カラー〟の赤いネクタイを締め、制服姿で登場する道枝。

検定の問題には、その場ですべてリアルに解答したそうだ。

『ぶっちゃけ最初は、「高校を卒業したのにガチ試験？」……って凹みました（苦笑）。

でも結局僕が検定に挑んだことで、

正解でも不正解でも面白いコンテンツになることがわかった。

〝検定〟なんて聞くと少し気後れする人がいるかもしれないけど、

僕と一緒に受けることで楽しめるんと違うかな』〈道枝駿佑〉

『小枝』が発売された1971年当時、テレビCMのキャッチコピーは「高原の小枝を、大切に」だった。まさに『小枝』は50年に渡り、環境保護を訴え続けているのだ。その姿勢こそが〝サステナビリティの象徴〟といえるだろう。

『エコエダ検定を受けて、正直知らなかったことも自分の知識になると、綺麗事でもまったくなく、『小枝』に関われたことがホンマに光栄に感じました。またコロナ禍の時代に、「自分が出来ることは何やろ？」……と考えさせられることが多くて、『小枝』のキャラクターがそのヒントになってくれました』

今はまだ『ヒントになってくれた』ことしか明かさないという道枝駿佑。

それは――

『これからの僕の行動に注目して欲しい』

――からに他ならない。

〝役者・道枝駿佑〟が刺激を受けた〝あの名優〟との共演

『今回、作品に携わらせていただくことが出来て、すごく嬉しかったです。クランクインの前に改めてドラマを一から見直してみたんですけど、体の中心から「この作品に自分が出るのか」——と、ゾワゾワゾワ〜って〝さぶいぼ（※鳥肌）〟が出て（笑）。すべてにおいて刺激を受けて帰ってきました』〈道枝駿佑〉

2016年4月クールに1stシーズン、そして2018年1月クールに2ndシーズンがオンエアされた、松本潤主演の連続ドラマ『99.9-刑事専門弁護士-』。

平均視聴率はそれぞれ17.2%、17.6%と、安定した好視聴率をマーク。松本潤にとっては『花より男子』に続く、2作目のシリーズ物になった。

その劇場版『99.9-刑事専門弁護士-THE MOVIE』が、いよいよ今年の冬に公開になる。型破りな弁護士の深山大翔を松本、敏腕弁護士の佐田篤弘を香川照之が演じる、ドラマでもお馴染みの名コンビは健在。

そして今回、深山たちの前に現れる謎の弁護士、南雲恭平を西島秀俊。事件の舞台となる村で出会う青年、重盛守に道枝駿佑。南雲の娘で天才ピアニストのエリを蒔田彩珠が演じる。

道枝は松本との共演はもちろん楽しみだったが、同じぐらい西島秀俊との共演も楽しみにしていたという。

『西島さんって当たり前やけど凄い役者さんじゃないですか。

映画もドラマもたくさん見させていただいているんですけど、

小栗旬さんと共演されていた『CRISIS 公安機動捜査隊特捜班』とか、アクションも超一流。

絶対にケンカしたらアカン相手ですもんね。

それと今回は『MOZU』シリーズや『ダブルフェイス』で強力なタッグを組んでいた、

香川照之さんと、ここではどんな絡みを見せてくれるのか?

その瞬間、一《いち》視聴者に戻ってドキドキしながら見てました（笑）』〈道枝駿佑〉

ちなみに西島は、1993年10月クールにオンエアされた『あすなろ白書』で木村拓哉と共演。それ以来、ほぼ30年に渡って木村を「たっくん」と呼ぶ唯一の役者だ。

「さりげなく『たっくんと共演してたよね』――と西島さんに話しかけられた道枝くんは、最初は〝たっくん〟が誰のことかわからなかったそうです。その話を熱狂的な木村くんファンのお母さんに伝えると、〝松岡くん（※西島の役名）とも共演するなんて！〟と、長々と『あすなろ白書』の説明をされたとか（苦笑）」（TBSテレビ関係者氏）

西島は今回の作品について――

『見応えのあるストーリー展開に加え、
見終わった後に心が温まる要素もたくさん詰まった映画になっています』

――と、公式にコメント。

さらに公開が待ち遠しい。

『それは僕もホンマにそう感じたので、皆さんには公開を楽しみにしていただきたいですね。撮影中には松本くんがストイックにお芝居に取り組む姿を目の当たりにして、勉強になるところがたくさんありました。

僕もそんな松本くんのお芝居を見て、自分のお芝居は「あれでよかったのかな……」と自問自答して、〝もっと成長したい〟と思いました。

あと個人的には〝重盛守がどんな風に事件に関わっていくのか？〟……それを推理しながら見ていただけると、絶対に最後までスクリーンに釘付けですよ！自分で言っちゃうけど（爆）』〈道枝駿佑〉

このキャストならどこを取っても面白いだろうし、名優たちと芝居をすることで、道枝駿佑の芝居勘や演技力も磨かれたことだろう。

〝役者・道枝駿佑〟が将来どんな名優へと成長していくのか――。

この作品が今後の道枝にとって大きな糧となることは間違いない。

第4章

なにわなくとも!

高橋恭平

Kyohei Takahashi

〝みちきょへコンビ〟は〝おねだり上手〟と〝あげたがり〟？

2014年11月23日、関西ジャニーズJr.のオーディションに——

『落ちるから行きたくなかった。

絶対に無理やもん』

——と、ゴネまくったという高橋恭平は、同じオーディションに参加していた道枝駿佑、長尾謙杜と共に関西ジャニーズJr.入りを果たす。

この時、早生まれの高橋は14才の中学3年生、道枝駿佑と長尾謙杜は12才の小学6年生だった。

「当時のオーディション担当スタッフに聞くと、彼ら3人のルックスは〝特に光っていた〟そうです。順調に成長した3人ですが、今思えば〝まさか恭平の性格があんなにチャラかったなんて。そこは大誤算〟と笑ってました」

話してくれたのは、関西のメディアで活躍する放送作家氏だ。

「入所当時を『僕は中3やし、みっちーも謙杜も小学生。ただ同期で入ったというだけで、全然仲良くなかったです。悪くもなかったけど』──と振り返る高橋くんですが、道枝くんと長尾くんに言わせると『いやいや、誰よりも小学生ぽかったわ。言動が』『〝こんな中学生にはなったらアカン！〟って、いつも心に誓ってた』──と関西人のノリでツッコむ。しかも道枝くんたちの証言のほうが信じられるのはナゼでしょう（笑）」

──そう言って苦笑する放送作家氏。

「高橋くんに言わせると『みっちーと僕は〝姉〟がいる者同士の〝あるある〟で、子供の頃は〝着せ替え人形〟にされていたんです。姉のお下がりを無理矢理着せられて外に連れ出されたり（苦笑）。でもそれがあまりイヤじゃなくて、むしろ洋服に興味を持ち始めたのが僕、興味を持たなかったのがみっちー』

──と、自分のファッションのルーツを明かしていました」（放送作家氏）

なにわ男子の中で――

『オシャレといえば、僕と大吾くんのツートップ』

――と言う高橋恭平。

年上でリーダーの大橋和也を――

『頑張っていろんな服を買うてるけど、一貫性がないからファッション迷走中』

――とバッサリ斬って捨てたかと思うと、最年長の藤原丈一郎に対しても、

『ひと言、ダサい』

――と、ケンもホロロ。

それでも2人から大目玉を食らわないのは、「恭平はそういうとこがオモロいねん」と愛されているから。

『だってホンマやもん（笑）。
あと〝みちきょへ〟に話を戻すと、
少し前まで僕らは姉のデニムを履いたり、
逆に姉が僕らのパーカーを着たりとか、ようやってました』〈高橋恭平〉

今では特に道枝のほうが180㎝近くまで身長が伸びてしまったので、なかなかお姉さんとの〝ファッションシェア〟は難しいという。

『僕の場合は今でもやってる時があります。
姉のデニムを借りて、下げパンで履いてる。
メンズのサイズ展開だとブカブカになるから、あえてレディースを選んで。
でもレディースのデニムはファスナーじゃなくてボタンが縦に付いたのが多くて。
僕がボタンのデニムを履いていたら、それはリーバイスの501じゃなくて、
〝シスターズチョイス〟です（苦笑）』〈高橋恭平〉

ちなみに今や〝みちきょへコンビ〟として〝丈橋コンビ〟に迫る存在感を放っている同期の2人だが、高橋は道枝に対し、一つだけどうしても不満を持っているそうだ。

『みっちー、僕の服とかアクセサリーをめっちゃ欲しがるんです。みんなと一緒の仕事じゃなくて、みっちーと謙杜だけとか少人数の仕事の時、休憩に入ると――「恭平の今日の私服、めっちゃエエやん」「そんな指輪、僕もつけてみたいわ〜」――って、いかにも欲しがりな目で見てくる。だからそこまで言われたら満更でもないというか、ついあげてしまうんです(苦笑)。それやのに普段、上がシンプルなスウェットで下がシュッとしたパンツばかり着てる。「僕があげたヤツは⁉」って聞くと、「大事な日に着たいからしまってある」――って。それ言われたら何も言われへんし、むしろちょっと恥ずかしい気持ちで嬉しい』〈高橋恭平〉

それはむしろ、道枝駿佑が〝おねだり上手〟なのではなく、高橋恭平が〝あげたがり〟なんじゃないの?

これからも〝みちきょへコンビ〟のファッションから目が離せそうにない。

『僕のオトンは高橋推し』……のナゼ!?

「藤原くんのお父さんが〝高橋くん推し〟とカミングアウトされたので、ファンの間では〝お父さん可愛い！〟〝めっちゃ萌える〟〝この際、丈くんの弟にしてあげてください〟などと、高橋くん抜きに盛り上がっているようです（笑）」

毎週土曜日の夕方にオンエアされている、なにわ男子のレギュラー番組『まだアプデしてないの？』（テレビ朝日）。

「この番組自体は今年4月からのオンエアですが、関西ではABCの『キャスト』にレギュラー出演し、東京でも『クイズ！THE違和感』（TBS）、『めざましテレビ』（フジテレビ）などに出演中で、CDデビュー前から彼らはかなり名前を売っています」（人気放送作家）

『まだアプデしてないの？』で番組進行を担当するMCのニューヨーク・屋敷裕政も――

『最近、〝なにわ男子〟の名前をいろんな場所で耳にするようになってんで』

――と前フリをして、彼らに驚かされたエピソードを明かしてくれた。

「仕事で大阪に行ったニューヨークが、姉妹お笑いコンビの海原やすよ・ともこに会った際、2人から『なにわ男子がすっごい伸びてきてるな。お笑い的な実力が』——と言われたそうです。屋敷くんは〝(姉さん方がめちゃめちゃ関心を持ってはる)〟と驚かされたそうです。やすよ・ともこは東京での知名度は低いものの、関西を代表する女性芸人の一組。だからすかさず『俺らがしごいてるんで』——と、まるで自分たちが育てているかのように胸を張ったそうです(笑)」(同人気放送作家氏)

まるで〝ますだおかだ〟の岡田圭右と同じ(※後述)ではないか。

「海原やすよ・ともこはデビュー以来、ABCお笑い新人グランプリ・最優秀新人賞、NHK新人演芸大賞・演芸部門大賞、上方漫才大賞・新人賞など、関西の主だったコンテストで輝かしい成績を残す〝超一流〟の女性芸人。そんなやすよ・ともこに〝なにわ男子がすっごい伸びてきてる〟と評価されたのは、関西をベースに活動するタレントにとっては誇りなのです」(同前)

ニューヨーク・屋敷がそれをメンバーに伝えると、7人の表情が一瞬にして明るくなったのが何よりの証拠だろう。

「その『まだアプデしてないの?』で一番面白かったのが〝藤原くんのお父さん〟のエピソード。個々のメンバーそれぞれがいかにも〝(推されるのは)俺ちゃうんかい!〟とでも言いたげな表情で、高橋くんを見つめていた。アイドルはなかなか、そういう〝素〟は出しませんからね」(同前)

さて話を発言が飛び出した場面に戻すと、この回の番組テーマは「親子関係」。

メンバーそれぞれが親、特に母親とのエピソードを語った後、藤原丈一郎が――

『なにわ男子のＹｏｕＴｕｂｅをオトンが見てる。

毎回、俺が帰ってくると、

「高橋、ホンマにワードセンス良くなってきたな」――みたいな、

仕事に関する話題で父子間のコミュニケーションを取っている』

――と明かし、さらに、

『僕のオトンは高橋推し』

――とカミングアウトしたのだ。

「別にみんな、藤原くんのお父さんに〝推されたい〟と願っているわけではありません。どんな時であれ、7人が横並びで比べられた際、絶対に〝他のメンバーに負けたくない〟と思うのはタレントの習性で、またその気持ちがないと大成しない。〝負けること〟に慣れてしまうと、勝たなきゃいけない分岐点を取りこぼしても気づかなくなるんですよ」(同前)

なるほど。それはなにわ男子のメンバーに限った話ではなく、すべてのタレントに言えることだろう。

『丈くんのお父さんに推されていることは嬉しいですし、
やすよ・ともこさんに〝なにわ男子が伸びている〟と評価されたことも、
それはグループの一員として嬉しいです。
僕らはファンの皆さんに愛され、高く評価されることで〝自信〟を手に入れる。
そしてその自信を継続して持てるように、毎日毎日自分とグループを磨き上げる必要があるんです。
でも何で、丈くんのお父さんは僕推しなんだろう?
普通に丈くんを推せばいいのに……』〈高橋恭平〉

確かに。それはじっくり、藤原丈一郎の父上から聞き出してくれたまえ(笑)。

〝なにわ男子のドラマ班〟高橋恭平がドラマ出演に懸ける意気込み

『正直なところ、今年の1月は（デビュー発表を）ちょっと期待していた部分がありました。
ちょっというか、50%ぐらい（笑）。
なにわ男子も結成してから丸2年と3ヶ月ぐらいで、
丈くんとか僕より年上のメンバーの年令を考えたら、
どっちみち再来年には解散することになりますからね。
実は僕ら、聞いて混乱せんように去年の年末には話を聞いていたんです』〈高橋恭平〉

他のエピソードでもお話ししたが、2023年3月31日から導入される〝ジャニーズJr.の定年制度〟。

正式にジャニーズ事務所から発表されたのは今年の1月16日だが、高橋恭平は――

『なにわ男子は12月のリハーサルの後、大倉くんから聞かされていました』

――と、意外な事実を明かしてくれた。

「そのリハーサルとは1月3日から5日まで生配信された『関西ジャニーズJr. あけおめコンサート2021 ～関ジュがギューッと大集合～』ライブ。残念ながらコロナ禍での無観客配信ライブになったため、関西ジャニーズJr.のメンバーは〝気合いが入っていない〟ように大倉くんには見えたそうです。そこでカンフル剤として『**お前ら再来年で解散になるぞ**』――と、プロデューサー的な判断でメンバーに奮起を促したのです」

大倉忠義とはプライベートでも交流があるディレクター氏は、

「〝定年制度〟について説明し、そして正月のライブが滝沢副社長の目に留まれば、『**先々の展開も考えてもらえるかもしれない**』――と言って、大倉くんは彼らのケツを叩いたのです」

――当時の裏事情について教えてくれた。

実際にはデビュープロジェクトは始動済みだったが、微妙に〝匂わす〟程度で喝を入れたのだ。

その正月の配信ライブでは、最終日に関西ジャニーズJr.としては大きな発表があった。

一つは、なにわ男子、Aぇ! group、Lilかんさいの3組が、ジャニーズJr.チャンネルに参加するということ。

もう一つは3組からさらに選抜されたメンバーが、4月からの連続ドラマ『ジモトに帰れないワケあり男子の14の事情』(ABCテレビ・テレビ朝日)に出演し、オンエアがスタートする発表だった。

「〝自らの夢を追って上京したものの、地元・関西に帰りたくなってしまった。でも帰れない〟という、ワケあり男子たちの姿を描く作品です。なにわ男子からは西畑大吾くん、高橋恭平くん、大橋和也くん。Aぇ! groupからは末澤誠也くん、草間リチャード敬太くん、小島健くん、福本大晴くん、佐野晶哉くん。そしてLilかんさいは全員が出演することになりました」(ディレクター氏)

これに刺激を受けたのが高橋恭平だった。

なにわ男子のドラマ班といえば、当然のように西畑大吾と道枝駿佑の名前が真っ先に挙がるだろう。

この時、道枝には他のドラマ出演があったとはいえ、3人しか名前が挙がらないなにわ男子の中に〝自分の名前〟があったのだ。テンションが上がらないわけがない。

『もう撮り終えていたエピソードもありましたけど、
僕が選んでもらえた理由が、
去年オンエアされた『年下彼氏』や『メンズ校』で演じた〝クール系のキャラクター〟が、
プロデューサーさんに――
「高橋くんにしか出来ないストーリーを作ってみたい」――と思ってもらえたそうです。
大吾くんにそれを話したら――
「それをきっかけに自分のポジションを掴め。
なにわ男子のドラマ班は7人全員なんだから」
――って励ましてくれたんです。
やっぱりお芝居に関して〝大吾くんに認めてもらえていた〟のは、
僕らにとってはホンマに大きい』

そんな高橋に言わせると――

『大橋くんは演技力は僕とトントンやと思います（笑）。

でも僕には出来ない〝ええ人キャラ〟というか、

〝大橋くんまんまのキャラ〟が気に入られたんちゃうかな』

――だそう。

『Aぇ！groupは『年下彼氏』でめっちゃ存在感があったし、

小島くんのポンコツぶりや草間くんのお笑い芸人みたいな演技は、普通に地のままやと思う。

気になるのは末澤くんで、シリアスな演技は上手いよね』

――と、何やらちょっとだけ評論家気取り（？）で分析する（笑）。

『Lilかんさいは、去年から単独ライブや舞台を経験して、
〝成長度〟という意味では一番やと思います。
個人的には嶋﨑斗亜くんは〝筋が良い〟と感じてますけど、
ホンマに少し見ぬ間に成長する世代やから、
誰が出てきてもおかしないね。うんうん』

最後は完全に〝気取り〟ではなく評論家になってるけど（笑）、そこまで言った以上、誰よりも自分が素晴らしい演技をしなくてはならない。

『わかってます！
これも〝大口叩いて自分を追い込む作戦〟ですから』〈高橋恭平〉

そこまで言うのだから、〝なにわ男子ドラマ班〟高橋恭平の演技に期待しようではないか——。

7人が絆を深め、互いの存在の大切さを知った〝あのドラマ〟

昨年の10月クール、なにわ男子主演でオンエアされた連続ドラマ『メンズ校』（テレビ東京）。

人気作家、和泉かねよし氏の同名コミックが原作のこのドラマは、とある離島の全寮制名門男子校を舞台に、頭の中は〝金〟〝メシ〟〝オンナ〟で一杯の男子高校生たちが、全寮制の規律に縛られて自由のない日々を過ごす中、彼らなりの〝アオハル（青春）〟を謳歌し、〝大切な何か〟を見つけていく物語。原作の設定はそのままだが、連ドラでは舞台設定を〝ひと夏〟に限定していた。

実は当初、舞台設定に合わせて7月クールの夏ドラマの予定だったが、テレビ界の〝新型コロナウイルス感染症拡大防止〟の観点とマニュアルから撮影を休止。放送開始も延期となってしまったのだ。

「それがメンバーにとっては、むしろ〝延期で良かった〟というのです。ドラマの初回が2020年10月7日（深夜枠）に決まると、その前日、10月6日は〝なにわ男子の結成2周年記念日〟。グループとして3年目のスタートを主演ドラマと共に切れるなんて、**『こんな嬉しいことはない』**——のが素直な本音だったのです」（テレビ東京スタッフ）

連ドラの出演経験、演技経験はつたない高橋恭平だが、ドラマに臨む意気込みを――

『クランクインの時、他の出演者さんに「初めまして」のご挨拶をする分が、
僕ら7人同士はいらないじゃないですか？
家族よりも長い時間、ずっと一緒にいるんですから。
その分の時間は節約されました。
このドラマは、7人の仲の良さが演技にプラスされているのを楽しんでもらいたいです。
涙あり笑いあり友情あり、そして僕たちという〝おかず〟も詰まった、
めっちゃいいドラマになってますから』

――と、高橋らしい独特な表現で話してくれた。

『そんな〝独特〟ですかね。
どの辺（苦笑）？
でも普段のなにわ男子の〝わちゃわちゃ〟した感じは、
みっちーも「そのまんまやな」──って笑ってましたし、
初めて僕らのお芝居を見てくださった方にも、
〝絶対にこの子ら仲えぇで！〟って感じてもらえる自信はありました。
実際、いろんな方に「自分ら仲良すぎるわ」──って言っていただけましたし』〈高橋恭平〉

──1年経った今でも大満足の高橋だが、それは手渡された台本にも理由があったらしい。

「高橋くんを筆頭に、ドラマ慣れしている西畑くん、道枝くんまでもが『脚本が本当に素晴らしい。見てるだけで笑けてくる』『台本読んでるのかマンガ読んでるのかってぐらい、次の回の台本をもらうのが楽しみでした』──と絶賛していたのです。特に高橋くんは、『僕らの楽屋、隠しカメラ仕込まれてない？ 絶対どっかで覗かれている。なにわ男子そのままやもん』と言って、『だからお芝居もやりやすかったのかな』──なんて納得してました」（同テレビ東京スタッフ）

一方、最年長の藤原丈一郎は――

『僕だけは〝スタッフさんと同じ目線〟も必要やと思ってました。恭平や謙杜がノビノビと出来るように、余計な芽は摘んだらなアカン』

――と、いかにも大人の見守り方をしてくれていたのだ。

『そのありがたさは、途中から感じてました。「何でこんなにやりやすいんやろ?」と思ったら、丈くんがスタッフさんにいろいろと注文してくれていて。それを知った時は、ガチにメンバー愛を感じましたね。丈くん、いつも「服ダサい」と言ってごめんなさい(笑)』〈高橋恭平〉

お互いに思いやることこそ、なにわ男子の知られざる魅力の一面。

こうしてメンバー全員が主演する初めてのドラマは、なにわ男子のメンバー7人が絆を深め、お互いの存在がいかに大切かを知った作品になった。

もし今年に入ってからなにわ男子のファンになった方がいらしたら、ぜひこの『メンズ校』を見ていただけたらと願う――。

Naniwa Danshi Naniwa Danshi

なにわ男子

なにわなくとも！ なにわ男子

第5章

なにわなくとも！

長尾謙杜

Kento Nagao

見せていきたい〝なにわ男子のオリジナル性〟

「小動物系のルックスで人気の長尾謙杜くんも、高校を卒業してからずいぶんと大人の男になってきました。同期の道枝駿佑くん、高橋恭平くんの成長も著しいですが、長尾くんはNEWSの増田貴久くん、関ジャニ∞の安田章大くんのように、独自のファッションセンスとデザイナー感覚を持っているのが強味。CDデビューをして個々の能力が問われるようになると、間違いなく台頭するメンバーです」

（テレビ東京スタッフ氏）

ドラマ『メンズ校』の主題歌『アオハル～ｗｉｔｈ Ｕ ｗｉｔｈ ｍｅ～』の衣裳デザインを手掛け、それ以前には2019年8月の舞台『少年たち 青春の光に…』の衣裳も担当している長尾謙杜。

今年に入ってからは雑誌『関西ウォーカー』に〝なにわ男子 長尾謙杜のデザイナー修業はじめました。〟という連載ページをスタートさせているが、何がスゴいかというと、これらすべて〝関西ジャニーズJr.〟の立場で叶えていること。

おそらくジャニーズJr.の歴史の中で、ほとんど記録されていないだろう。

「『メンズ校』の撮影中、長尾くんは『**こんな衣裳を考えています**』——と嬉しそうにデザイン画を見せてくれました。あくまでも僕の中でのイメージでは、普段のシックな私服からは派手なステージ衣裳を考えつくような子とは思ってなかったですね。だって増田くんと安田くん、普段から奇抜ですもん（笑）」（同テレビ東京スタッフ氏）

長尾はジャニーズでは少数派の〝自己推薦〟でオーディションに臨んだメンバーだ。

小学6年生ですでに『ドラマや映画、テレビに出たいから』と考え、映画『僕等がいた』をきっかけに生田斗真に憧れた。

『斗真くんはお芝居もお喋りも完璧で、
ジャニーズJr.の活動の選択肢に〝俳優〟のジャンルを作ってくれた人』

——と語り、その生田斗真の恩人でもある〝劇団☆新感線〟の古田新太が主演した『俺のスカート、どこ行った?』（日本テレビ）で連ドラ初出演を果たすと、『一方的に斗真くんとの間に運命を感じました』と語っている。

『Jr.の活動の中で悩み苦しんでいた斗真くんが、
劇団☆新感線さんの舞台に出会い、出演することで活路を開いたのは、
〝斗真くんファン〟の間では常識ですからね。
他にも古田さんは岡田准一くん、櫻井翔くんとの『木更津キャッツアイ』シリーズをはじめ、
ジャニーズの先輩方と共演して三軒茶屋でお酒を飲んでるらしい。
それと絶対に忘れちゃいけないのが、
『関ジャム』で大倉忠義くんや関ジャニ∞の皆さんと共演してること。
僕も20才になったら〝古田ジャニーズ連合〟の一員となって、
三軒茶屋でお酒を飲んでみたい』〈長尾謙杜〉

そんな〝連合〟の存在は聞いたことがないが（苦笑）。
さて少し逸れてしまった話を元に戻すと、デザイナーとしての感性を磨いて自分の〝武器〟にしたい
長尾謙杜は、かねてから『SNSの中ではInstagramをやりたい。だってめちゃめちゃ
オシャレですから』と、ずっとアピールしていたメンバーだった。

『Ｉｎｓｔａｇｒａｍはファッション性が高いというか、
7月28日の『なにわ男子 Ｆｉｒｓｔ Ａｒｅｎａ Ｔｏｕｒ 2021 #なにわ男子しか勝たん』で、
公式Ｉｎｓｔａｇｒａｍの開設が発表された時、
グループとして普段の私服はもちろん上げるけど、
そこに個人として衣裳デザインなんかを上げていけば、
「僕らのグループのオリジナル性が見えるんちゃうかな？」——と思ったんです。
Ｉｎｓｔａｇｒａｍは世界に知ってもらうチャンスやし、
なにわ男子が楽しく活動している過程も見てもらえる。
単独ＹｏｕＴｕｂｅチャンネルとは別のテイストを考えたいですね』〈長尾謙杜〉

Ｉｎｓｔａｇｒａｍ開設にあたっては、プロデューサーの大倉から『スマホのカメラは縦画面で使えよ』とのアドバイスも。

『いや全然システムみたいなのわからんかったんですけど、
Ｉｎｓｔａｇｒａｍは縦画面で撮った写真を上げたほうが、
サイズ感もピッタリとハマるらしいです。
横画面は横が切られたり縮小されたりするんですってね。
これから使っていくうちにそういうテクニックも覚えて、
そんで合間に自分のデザイン画やらアイデアを差し込んで世界に注目されたい』〈長尾謙杜〉

ＩｎｓｔａｇｒａｍやｙｏｕＴｕｂｅでどんな活躍を見せてくれるのか?
本格始動を楽しみにしたい――。

長尾謙杜が狙う〝大野智サークル〟入り

『僕なんか全然お話しさせていただくタイミングはなかったんですけど、復帰された時には、ちょっと頑張って積極的にアプローチしたいと思います』〈長尾謙杜〉

今年の3月、NHK大阪放送局が制作した番組『巨大魚&幻の魚を追え!~大阪湾の魚を大調査』(関西ローカル)に、ジャニーズきっての釣り好きメンバーとして出演した長尾謙杜。

タイトル通り大阪湾で巨大魚や幻の魚の捕獲を目指す番組で、長尾の他にはよゐこ・濱口優、ミサイルマン・西代洋が出演。長尾は〝大阪湾の主〟といわれる、淡路島の巨大魚を狙った。

『確かに釣りは好きですけど、〝ジャニーズきっての〟みたいな冠はいらないです。どうしても付けるなら〝関西ジャニーズJr.きっての〟ぐらいにしてもらわんと。だって東京には、釣り好きの頂点に君臨する方がいらっしゃるんですから。一応、今は休業中ですけど……』〈長尾謙杜〉

そこまで言えば皆さんもおわかりだろう、嵐の大野智だ。

以前、長尾はなにわ男子が毎週水曜日にレギュラー出演している『キャスト』（ABCテレビ）で、道枝とクエ漁に、藤原と桜鯛を釣りに出かけたことがある。

その時、長尾と藤原の2人が訪れたのは和歌山県の加太漁港。エサが豊富で潮の流れが速いため、良質の天然マダイが1年を通して獲れる加太は、全国屈指の鯛の町として有名らしい。

そもそも桜鯛釣りは「高仕掛け」と呼ばれる全長12メートル以上の仕掛けを使った一本釣り漁で、長尾と藤原もこの方法で挑戦。

しかし通常の釣り竿とは勝手が違うため、ジャニーズきっての釣り好きも大苦戦。最終的には、2人で3尾、長尾も何とか1尾を釣り上げてリベンジに成功する。

『結果的にはそうやけど、最初の1匹は丈くんが釣って、数も2対1で丈くんの勝ちやから。今回は〝大阪湾の主〟相手やから、クエや桜鯛とは比べ物にならへん。まさに関西地方のラスボス登場と言っても過言ではないでしょ』〈長尾謙杜〉

南は和歌山と淡路島を結ぶ紀淡海峡、西は明石海峡によって囲まれた大阪湾。ちなみに大阪の別称であり、なにわ男子でもお馴染みの〝なにわ〟は、一説によると〝魚（な）が捕れる大阪の庭（にわ）〟を語源とするとも言われているそうだ。

『言うたら漢字の〝浪速〟〝浪花〟も〝浪（なみ）〟が付いてるから大阪湾に関係あるんやろね。せやけど普段見てる大阪湾に、そんな巨大魚や幻の魚がいてるなんて。まさに海は底が深いわ』〈長尾謙杜〉

ちょっと〝ウマいこと〟言った（笑）？

……で、大野くんの話はどうなったの？

『大野くんが復帰したら僕のほうから自己紹介して、大野くんの〝釣りサークル〟〝キャンプサークル〟に入れてもらいたい。

別に嵐さんとコネを作りたいとかの考えはなく、ただNEWSの加藤シゲアキさんのように「長尾謙杜がいたら面白い」と思ってもらえるような。

超仲良しの〝父と子〟みたいな関係に』〈長尾謙杜〉

とはいえ、大野智のサークルに加わるのは、なかなかハードルが高そうだけど。


『だから僕がいないと楽しめないように、大阪湾のことを徹底的に知り尽くしたいんです。

「和歌山方面に行けば、これが釣れる」

「淡路島でも明石海峡と鳴門海峡では、釣れる魚がこんなに違う」——とか。

嵐が活動を再開する時は、そんな風に〝使い道のある男〟になっていたいですね』

それがいつになるかはわからないが、長尾謙杜が共通の趣味を通し、大野智のお眼鏡に適う日が来ることを願ってやまない——。

関西ロケで確立した〝独自のリアクション力〟

「メンバーはみんな明るいし、ロケにも全力で取り組んでいる。関西のテレビ界での評判は、なにわ男子が少し抜けています。こうなると先々の問題として、彼らが東京に住居を移してしまった際、後継をどうするのか。僕らとしては往復のグリーン車代とロケの宿泊費を払っても続けてもらいたいところですが、ジャニーズ事務所としてはAぇ！groupやLilかんさいを押してくるでしょう」

関西ローカルの報道・情報番組『キャスト』に水曜レギュラーで出演中のなにわ男子について、同番組のスタッフ氏は声を潜めてそう打ち明けてくれた。

「基本的にこれまでは7人のうちから2人がテレコで出演してくれています。時には1人でロケに出ることもありますが、最近では長尾くんの神戸ロケが秀逸の出来映えでした」（『キャスト』スタッフ氏）

関西人ならば知らないと恥ずかしい、今もっともバズっていること、きっとこれからバズるであろう情報をメンバーが取材する〝バズズバッ！なにわリサーチ〟のロケで、長尾謙杜が神戸市の繁華街・三宮に現れた。

「三宮といえば関西人なら知らない者がいないほどの、ショッピングとグルメ、そして最先端のオシャレを満喫することが出来る神戸の中心地です。長尾くんが〝バズズバッ!〟のロケで訪れたのは今年の6月でしたが、実は高校生の時に校外学習で訪れたことがあるらしく、僕らは長尾くんの思い出話やエピソードが飛び出すか、楽しみにしていたんです」(同『キャスト』スタッフ氏)

ここ三宮を一度訪ねている長尾だが、ロケ冒頭でスタッフに「校外学習は結局何を学習したんですか?」と尋ねられると、悪びれもせずに――

『**全然してないですね**』

――と返答。

テレビの前から「してないんかい!」のツッコミが届いた(……気がした)という(笑)。

「最初のバズりスポットへ向かう途中、全然関係のない、商店街の〝全国やきいもグランプリ〟受賞の焼き芋店が目に入った長尾くんが店主に話しかけると、〝おお！ なにわ男子の？〟と、まったく予想していなかったリアクションが。『なにわ男子です。知ってくれてますか？』という問いかけに〝知ってますよー。超人気じゃないですか！〟と興奮する店主さんに、長尾くんのテンションもいきなりマックスに上がったんですよ」（同前）

取材交渉済みの1軒目の店に着く前に、〝ひと盛り上がり〟をカメラに収めた長尾。

スタッフ氏によれば、

「これが誰でも出来るようでいて、ほとんど出来ない」

――ことだという。

「普通のアイドルは1軒目のロケを始める前に体力を使いません。しかし長尾くんのように好奇心旺盛で街中の風景に反応してくれるからこそ、こちらの予想以上の〝撮れ高〟になるんです」（スタッフ氏）

目指す最初のバズりスポットは、餃子専門店〝ひょうたん〟。

創業60年以上の老舗で、メニューは餃子のみというから、味には相当の自信がある。

秘伝の味噌ダレでこだわりの餃子を試食すると、長尾は即座に——

『美味しい！ 通いたくなります』

——と絶賛のリアクション。

スタッフ氏も「この〝通いたくなる〟は、どんな味かを想像させる素晴らしいリアクションでした」と褒め称える。

「実はこの店をバズりスポットに選んだのは、昨年に一旦は後継者不足で閉店したものの、SNS上で別れを惜しむ声が続出。かつてヴィッセル神戸に所属し、この店の常連だったサッカー界のレジェンド・三浦知良選手が再オープンを望む声を上げ、今年2月に再オープンが実現したから」（同スタッフ氏）

その経緯を聞いたサッカー好きの長尾は——

『三浦さんが食べた餃子を僕は食べたんですね！ 幸せです!!』

——と大ハシャギ。

その様子が「普通のサッカーファンのリアクションで自然だった」と、さらなる高評価を得たのだ。

「次に訪ねた焼鳥バールでは、店自慢の希少部位の中から人生初の鶏の白子に挑戦。『クリーミーですね。噛むとプチって風船のように割れて、中がとろ〜っと出てきますね。初めてをカメラに収められて良かったです』――とリアクションし、お店のスタッフさんも大喜びでした。さらに最後に訪れたかつ丼屋さんでは、〝ソースかつ丼 かつダブル（2枚）〟を注文して、かつの上に乗せた温玉を支える小さいかつを〝おまけ〟で乗せてもらい、『おまけ目当てで週5で通う人の気持ちもわかります。最高です！』――と、単なるグルメロケにとどまらず、どこの店でも〝店員さんを笑顔にするリアクション〟が炸裂しまくりでした」（同前）

それは取材相手の店員さんも、誰もが癒される長尾謙杜の〝笑顔〟に心を持っていかれたに違いない。

「関西のロケというと、これまで千鳥やダイアン、かまいたちなど〝ロケ芸人〟と呼ばれる面々が、相手を自分のペースに巻き込んで笑いを取るパターンが王道で、彼らが東京に進出した後、後輩たちも同じパターンを継承しようとしています。しかし長尾くんのような笑顔と素直なリアクションのほうが、今の時代をリードするに違いありません。これからお手本にすべきは、長尾謙杜くんですよ」（同前）

関西ロケで花開いた〝独自のリアクション力〟は、長尾謙杜の今後の大きな〝武器〟になるに違いない。

〝なにわ男子の黄金マンネ〟と呼ばれたい――長尾謙杜のモチベーション

今年の4月クールにスタートした、なにわ男子のレギュラー番組『まだアプデしてないの?』。4月17日にオンエアされた初回放送から、早くもあるメンバーの驚くべき実態が暴露され、一部ファンの皆さんを騒然とさせた(……かもしれない)。

「初回のテーマは〝母と息子の親子関係〟で、VTRで象徴的な親子関係を紹介すると共に、メンバーそれぞれの母親との普段の関係が赤裸々に暴露されました」(番組関係者)

〝赤裸々〟とは少々盛りすぎの感があるが(笑)、たとえば10代のメンバー、20代のメンバー、MCを担当する30代のニューヨーク(嶋佐和也・屋敷裕政)の3世代だけ見ても、意識に相当な開きがあることがわかった。

「まだ初回ということもあり、お互いに〝どのラインまで踏み込めるのか?〟手探り状態ではありましたが、アップデート(アプデ)された新しい価値観や常識を紹介する再現VTRでは、初回早々から激論になり、制作の狙い通りの展開になってプロデューサーは大喜びでした」(同番組関係者)

紹介された新常識は「毎週、母親と2人きりでデパートに香水や化粧品を買いに行く18歳の息子」「18歳の息子の行動をGPSで監視する母親」など、特に30代のニューヨークは「無理無理無理無理!」と到底受け入れられない様子。

「これが30代の半ばから後半になり、60代のお母さんを連れてデパートで買い物をするなどの親孝行シーンならまだしも、自分が〝18才の息子〟の時に同じことをしていたら〝学校の友だちに見つかったらめっちゃ恥ずかしいやん〟というのが、ニューヨークの言い分でした。まあ世の中すべての18才が、母親とはそんな距離感でいるわけじゃありませんけどね(苦笑)」(同前)

ところが、だ。

メンバーの様子を窺うと、むしろ「(どこが変なん?)」と涼しい顔をしているではないか。

藤原丈一郎が——

『お母さんの買い物のために、車を運転して連れていってあげることもある』

——と言うと、ほとんどのメンバーが同意するように頷く。

「道枝駿佑くんと長尾謙杜くんの18才（※当時）高校の同級生コンビが『お母さんと買い物、行くでしょ』『逆にどこが恥ずかしいのか意味わかんない』――などと、再現VTR肯定派の声を上げたのです」（同前）

『えっ？　行くやん。誰でも。

むしろ行かない理由を教えて欲しいし、もしそれが〝恥ずかしい〟やったら、

「自分は自分のママ、母親を恥ずかしいと思うんか！」って、文句を言いたいぐらい』〈長尾謙杜〉

道枝は家族との位置情報の共有についても『いなくなったら探せるやん』と、『家族に居場所を知られたくないとか、どんな悪さするつもりですか？』と、真っ直ぐな瞳で訴える。

『みっちーの気持ちはようわかる。
わかるというより〝その通り〟でしょ。
特にウチは両親と僕の3人家族だから、お互いを大切に思う気持ちは強いし、
僕はそれを誇りに思う』〈長尾謙杜〉

長尾は一人っ子だからこそ両親を愛し、大西流星を〝兄〟、道枝駿佑を〝双子の兄〟のように信頼しているのだろう。

「彼にとっては全員が〝兄〟ですから、ずっと『7人兄弟の黄金マンネ』——と言い続けているのです。実は〝黄金マンネ〟とは、同じ7人組の韓国人アーティストBTSの最年少メンバー、チョン・ジョングクのこと。長尾くんは彼のファンで、自分も『**なにわ男子の黄金マンネになりたい**』——と目標にしているそうです」(前出番組関係者)

なるほど。それでＩｎｓｔａｇｒａｍのアカウント開設で『世界に注目されたい』と話していたのかも。ＢＴＳのように。

『ＢＴＳもジョングクさんも世界的なアーティストだから、
僕なんかが〝黄金マンネ〟を使っていいもんじゃないけど、
でも憧れや目標の意味で、
「〝なにわ男子の黄金マンネ〟と呼ばれたい」——と思っているのは、
僕の立派なモチベーションの一つになってます』〈長尾謙杜〉

ちなみに〝マンネ〟とは韓国語で〝末っ子〟のことだが、韓国では血が繋がっていなくても仲の良い年上男性をヒョン（お兄さん）、年上女性をオンニ（お姉さん）と呼ぶ習慣があり、それは芸能界のアイドルグループ内でも浸透している。

『「〝なにわ男子の黄金マンネ〟と呼ばれたい」——と思っているのは、僕の立派なモチベーションの一つになってます』

そうしたモチベーションが長尾謙杜、そしてなにわ男子を、より大きなグループへと成長させていく原動力となるのだ。

第6章

なにわなくとも!

藤原丈一郎

Joichiro Fujiwara

『大橋和也は99点の相方』――丈橋コンビの〝コンビ愛〟

〝なにわ男子のペア〟と聞いて真っ先に思い浮かぶのは、多くの方が藤原丈一郎と大橋和也の〝丈橋コンビ〟を挙げるのではないだろうか。

「なにわ男子が結成される以前から、2人はコンビのような立ち位置を務めていましたね。しかしその時点ですでに藤原くんは関西Jr.入りしてから12～13年は経っていて、その頃はまさか後に大阪城ホールで単独ライブを行えるグループに抜擢されるとは、とても想像していませんでした」

（在阪準キー局スタッフ氏）

2004年、当時の関西ジャニーズJr.〝史上最年少〟の8才で入所したのだから、ジャニー喜多川氏に光るモノを感じさせたことは間違いない。しかしいくつかのユニットに参加したものの、それは〝王道〟のグループではなかった。

やがて藤原は2017年11月に、ある〝大胆発言〟で注目されるのだが、それは後述するエピソードに譲るとしよう。

「2017年11月からおよそ1年後の2018年10月、藤原くんと大橋くんの2人は〝なにわ男子〟のメンバーに抜擢されます。ところが元なにわ皇子の西畑大吾くん、大西流星くんを中心に、道枝駿佑くん、高橋恭平くん、メンバー最年少の長尾謙杜くんと揃った人選では、明らかに2人はMC要員の引き立て役としか見られなかった。口が悪いファンの間では、〝なにわ男子のメンバー構成はミニ・ジャニーズWEST〟〝丈橋コンビがジャニーズWESTのB.A.D.と同ポジになるんじゃない？〟などと囁かれていました」（同在阪準キー局スタッフ氏）

そんな〝丈橋コンビ〟は、むしろなにわ男子に加入してから真価を発揮する。

どんな場面でもメンバーのボケを拾ってオイシく盛り上げ、かつ最年長ながら、年下メンバーが遠慮なくツッコミを入れやすい〝隙〟を作ってくれる藤原。

リーダーとして決めるところは決めるものの、いつもニコニコ天然タイプの大橋。

年長の2人が西畑以下のメンバーを立たせてくれるから、なにわ男子は〝いつもワチャワチャ、仲の良い部活ノリ〟で愛されているのだ。

「丈橋コンビには藤原くんが考えたキャッチコピーやハッシュタグがあって、まずキャッチコピーは〝天上天下無敵の丈橋〟、そしてハッシュタグは〝#ジョウハシラブラブチュキチュキボンバーズ〟だそうです。特に藤原くんはハッシュタグを『無敵感が溢れてる。この長さも俺ら2人らしい』――と言っていますが、まったく流行っていない。というか、〝誰も使ってないじゃん!〟のツッコミ待ちとしか思えません(笑)」

話してくれたのは藤原とも親しく、関西で活躍する放送作家氏だ。

「あえて本当に流行りそうなコピーやハッシュタグではなく、少しヌケている風を装うというか、これが藤原くんのテクニックです。実際には〝丈橋コンビ〟にしても『僕らは別に、普段からJr.のお手本になろうとか〝なにわ男子を引っ張らなアカン〟とか、そういう気負いはないからね』――と、笑いながら話しています。でもだからこそ彼らはコンビとして面白いし、いろいろな可能性を感じさせてくれるんです。CDデビューしても何年かは大阪にいて、ロケバラエティを席巻して欲しいですね。そう言ったら藤原くん、『アッという間にアラサーやん!』――としっかりツッコんでくれました」(放送作家氏)

そんな藤原は普段から——

『大橋和也は99点の相方』

——と話しているそうだ。

CDデビューが発表されるより結構前に、放送作家氏が聞いたところ、藤原は——

『もしいつか、なにわ男子が解散することがあっても、

〝丈橋コンビ〟はずっと続けていきたいですね。

僕が好きだった中間淳太くんと桐山照史くんのコンビ、

室龍太くんと向井康二のコンビのように。

「丈橋の2人がMCを回すとめっちゃ盛り上がる！」——って、

松竹座で言われたいですもん』

——と話していたという。

そこで放送作家氏が、

「また〝100点じゃなくて99点〟なの?」

——と聞くと、

『何の不満もないんですけど、

100点いったら、それ以上はないじゃないですか?

でも99点なら、マイナス1点で、

「僕の知らない大橋の可能性が花開くかも」——と期待したいんです』

——と返ってきたそうだ。

そこには〝本物のコンビ愛〟を感じさせるではないか。

ところで大橋のほうは藤原をどう見てるのか?

『丈くんはホンマに整理整頓が出来へんから、
コンビを続けるなら、そこだけは直してもらいたいんですよ。
僕ら、〝丈橋〟で一緒の楽屋になることが多いんですけど、
いつも丈くんのせいで散らかりまくるんです。
服もハンガーに掛けたらいいのに、その辺にポンッて置いてるし。
そんなん、全然手間じゃないでしょ。
化粧水とかもいっつも倒れてるし、
この前なんかペットボトル倒しても3秒ぐらいそのままで、それで起こしたら、
「3秒ルールでセーフ!」――とか笑ってるんです。
ちゃうちゃう、3秒ルールはそんなんちゃう。
まあ僕が全部直すからいいんですけど』

――って、いいのかよ(爆)!!

〝丈橋コンビ〟、これからも最高のコンビネーションを見せてくれそうだ。

大先輩・中居正広が認める藤原丈一郎の〝喋り〟

「確かに子供の頃からの筋金入りオリックスファンは、芸能界広しといえども藤原くんぐらいしかいないかもしれません。しかし彼はオリックスファンが〝物珍しい〟から呼ばれているわけではなく、中居くんに〝トークで認められている〟からこそ、スタジオに呼ばれる。それはHiHi Jetsの髙橋優斗くんも同じです」（番組関係者）

プロ野球開幕を前に12球団それぞれの芸能人ファンが集まり、メインMCの中居正広とアツくプロ野球愛を語る『中居正広のプロ野球魂』（テレビ朝日）。

番組は昨年の3月から2年連続でオンエアされ、藤原丈一郎はオリックス・バファローズの熱狂的なファン、そしてHiHi Jetsの髙橋優斗は横浜DeNAベイスターズの熱狂的なファンとして出演してきた。

そんな、藤原にとっては貴重な全国ネットの番組が、何と今年はオールスターゲームを前に『中居正広のプロ野球魂 〜やっぱり〝オールスター〟ってスゴいよねSP〜』としてオンエアされることになり――

『信じられない！
今年は2回も出させてもらえるなんて。
しかも我がオリックス・バファローズの宮城大弥投手が、
パ・リーグの投手部門ファン投票1位なんだから‼』

――と、大喜びだったのだ。

『僕がジャニーズ事務所に入所したのは2004年で、
キャリアでいえば丸16年ちょっとで、初めて中居さんとお話しさせていただけたんです。
2004年頃っていうと、
SMAPさんがグイグイとジャニーズ事務所を引っ張ってはる頃じゃないですか。
ホンマにどんだけ長い間上を見ていても、
中居さんの姿どころか気配すら感じさせないほどド底辺にいたことを痛感しましたね』〈藤原丈一郎〉

それから1年半でCDデビューなのだから、藤原にとっての幸運の女神（?）は中居だったのかも。


『去年、中居さんと初めて喋れたことを大倉（忠義）くんに報告したら――

「中居くんと喋れたことを喜んでるようじゃ、いつまで経ってもゲストの〝お客さま〟や。

2回、3回って呼ばれるほど実力を買われてこい」

――って怒られて。

気づいたら3回呼ばれましたけど、
果たしてそれが実力かといわれれば、まだまだ胸を張るほどじゃないです』〈藤原丈一郎〉

『中居正広のプロ野球魂 ～やっぱり〝オールスター〟ってスゴいよねSP～』(テレビ朝日)のゲストに呼ばれたのは、出川哲朗はじめ、実は他の番組でも中居とよく絡む、気心が知れたメンバーなのだ。

「中居くんは自分も一緒に楽しみたい番組の場合、それがどんなジャンルだろうと同じ顔触れになることが多いんです。それはいかに番組をスムーズに進行させるかにも関わっていて、中居くんの望む答えやリアクションを返してくれる〝勘の良い〟人。藤原くん、そして髙橋くんは様子見とはいえ3回続けて呼ばれているので、今後も重用される可能性は高いですよ」(前出番組関係者)

中居正広は番組宣伝でも、あえて――


『この番組は長い間やらせていただいていますが、
まさか今年は2回目があると思っていなかったのでビックリしました。

今回も古田さんをはじめ、詳しい人たちが集まりました。

コアな話がたくさん出てきますので、野球好きな方には楽しんで見てもらえると思います。

野球が苦手な方も、髙橋くんと藤原くんが出ているのでぜひ見てください(笑)』

――と、ジャニーズの後輩の名前を挙げてくれていた。

「それを聞いて、特に藤原くんのほうは『これでもう完璧に中居さんに覚えてもらえた』――と手応えを感じている様子でした。番組については『今回も野球を好きな人同士が何も考えずに喋るという、〝ホンマにこれが仕事でいいんかな⁉〟というくらい、幸せな時間でした』と語り、またSP番組のテーマでもあるオールスターゲームの魅力を、『普段は相手チームの応援歌は絶対歌わへんのに、オールスターの日だけはみんな一緒に歌うことや、隣を見たら普段は別のチームの応援をしている人がいるという、ファン同士の交流があると思います。今年はみんなで歌うのは無理だと思いますが、心を一つにして応援したいですね』――と、熱心なファンから見た独特の視点で解説してくれました。さすが中居くんが〝気になる〟後輩メンバーだけあって、しっかりと自分の立ち位置から話をすることが出来る。このまま成長していけば、間違いなく中居くんの〝お気に入り〟にもなれるんじゃないでしょうか」（同前）

関ジャニ∞でいえば村上信五、ジャニーズWESTでいえば桐山照史。

関西ジャニーズの〝喋り〟の系譜は、どうやら藤原丈一郎へと紡がれていきそうだ――。

〝出演舞台中止〟で学んだ役者としての姿勢

『正直に言って、あんなに悔しいことはなかなかない。
でも座長が「またこのメンバーで集まろう」言うてくださったんで、
僕はその言葉を信じて待つだけ。
だって一番悔しいのは、絶対に座長やから』〈藤原丈一郎〉

いつもバラエティ番組で見せる笑顔ではなく、かなりシリアスな表情で語る藤原丈一郎。

彼が出演予定だった舞台、PARCO劇場オープニング・シリーズ『月とシネマ ―The Film on the Moon Cinema―』が、出演者のコロナ感染により一旦は一部中止と延期になったものの、結局、全公演が中止になってしまったことへの無念の想いだった。

「中井貴一さんが主演を務め、作・演出は劇作家のG2さんが手掛ける予定でした。PARCO劇場オープニング・シリーズの最終公演で、中井さんの他には貫地谷しほりさん、藤原丈一郎くん、矢作穂香さん、村杉蝉之介さん、たかお鷹さんらが名を連ねていました。東京・PARCO劇場公演は4月17日から5月9日まで、その後12日から16日まで大阪・COOL JAPAN PARK OSAKA WWホールでも上演される予定だった作品です」（劇場関係者）

すっかり寂れた実家の映画館を存続させるため、中井演じる独立系映画プロデューサーは、自身の主義とは反するアート系の映画を監督してきた女性監督と組んで映画を製作しなければならなくなるというストーリー。

この女性監督役に貫地谷しほり、大手映画製作会社の若きプロデューサー役に藤原、中井の娘役に矢作穂香、怪しい金融業者役に村杉蝉之介、映画館の熟練映写技師役にたかお鷹と、硬軟入り混じる実力派キャストが集結していた。

『とある地方都市の駅前にある映画館〝ムーン・シネマ〟が舞台になります。
中井さんは亡くなった映画館の館長の息子さんで、
50代のフリー映画プロデューサー・並木憲次さんの役。
何本もヒット作を出してるのに、まったく賞には恵まれないタイプ。
僕が演じる予定だった大手映画会社の新米プロデューサー・小暮涼太は、
そんな並木さんとのタッグでヒット作を送り出すことを夢見てるんです』〈藤原丈一郎〉

小暮は伝説のプロデューサー・並木を崇拝する役柄だが、そんな並木が映画館を存続させようと頭を悩ませていたところに現れたのが、館長の遺言書によって映画館を相続する、貫地谷しほり演じる、知る人ぞ知る女流映画監督の三城麻衣子。

役者が揃ったところで、そこから登場人物同士のすったもんだの騒動が展開していく内容だった。

「公演初日の5日前に貫地谷さんの新型コロナ感染が確認され、それ以前に受けたPCR検査では、他の出演者は全員が陰性でした。そこで前半の公演を一部中止にして初日を延期させたのですが、直後にさらにコロナ禍が拡がり、東京・大阪共に中止となりました」（同劇場関係者）

藤原は——

『誰のせいでもないことはみんなわかってるし、それになにわ男子も去年からずっと発表済みのライブが中止になったし、他の出演者の方も多かれ少なかれ同じような経験をしてはるから』

——と、貫地谷を気遣った。

『〝中止〟が決まった時、僕ら集まって座長(中井貴一)からお話を聞かせてもらったんです。

「演劇において一番必要なのは〝お客様〟。

客席にお客様が入ることで芝居の空気も間合いも変わっていって、

〝そこで教えてもらうことが、役者にとってどれだけ大きなことなのか?〟と改めて実感した。

観てくれるお客様がいないと、舞台って永遠に完成しないいんだもの」

——って、僕らにもわかりやすく。

丸々1ヶ月間も稽古してたのに東京公演の中止が決まって、

その後も大阪公演の可能性を信じてセットを組んだ舞台で稽古を続け、

いつ幕が開いてもいい完璧な状態まで作ったのに。

結果的に大阪公演も出来ず、全公演が中止になってしまいました。

ホンマに皆さん〝出来るか出来ないか〟最後までわからない状態やのに、

ずっとポジティブに臨んでた。

あの姿勢は絶対に学ばなきゃダメなんです』〈藤原丈一郎〉

実は藤原、『月とシネマ』へのキャスティングのオファーをもらった時、飛び上がるほど嬉しかったそうだ。

『中井貴一さんの素晴らしいお芝居はこれまでドラマや映画で拝見してましたけど、まさか自分が共演させていただける日が来るとは思ってもいませんでしたから。それと以前から作・演出の舞台を観劇していたG2さんともご一緒することが出来るのは、ホンマにWでワクワクしてましたもん。歴史あるPARCO劇場の、しかもリニューアルのオープニング・シリーズに携われること、もちろん素晴らしいキャストの皆さんと共演できること、何から何まで僕には身に余る光栄でしたからね』〈藤原丈一郎〉

残念ながら今回は中止になってしまったが、しかし冒頭のセリフにもあるように、また同じキャストで同じ作品に臨めたら——。

その日が来ることを信じ、藤原丈一郎自身をさらにバージョンアップさせようじゃないか!

藤原丈一郎が叶えたい〝仲間たちへの恩返し〟

それは年末の大阪松竹座恒例『関西ジャニーズJr. X'mas SHOW』の2017年バージョンが開催される前月、2017年11月のことだった。

「2004年の関西ジャニーズJr.入り以降、藤原くんが最初にユニット入りしたのは、2006年12月に結成された、13人組の〝Little Gangs〟でした。翌年の5月には14人組になり、さらには7人、9人、8人、4人とコロコロとメンバーが出入りしたユニットです。藤原くんも7人組の時は外されたりしていましたが、何だかんだ2012年頃まではLittle Gangsにいたはずです。ちなみに2008年の9人組、2009年の8人組の際には、Snow Manの向井康二くんも所属していましたね」（関西テレビスタッフ氏）

やがて2013年にはLittle GangsからGang Starへと移り、この時から大橋和也とは同じユニットのメンバーとして活動する。

「Jr.のユニットは例によって人気次第でいつの間にか消えてしまうものですが、Gang Starも2015年から2016年にかけてのあたりには、ほぼ開店休業のような状態で、藤原くんのポジションも〝その他大勢〟から上がることはありませんでした。この時、藤原くんはいつ関西Jr.を辞めてもおかしくない環境にいた2017年11月、『**今に見てろ! 絶対に3列目から逆襲してやる**』――と、むしろやる気を示していたのです」(同関西テレビスタッフ氏)

東京Jr.に比べると人数が少ない関西Jr.だからこそ、最後列の3列目に甘んじていた〝自分が許せなかった〟藤原丈一郎。

そしてその言葉通り、およそ1年後にユニット〝なにわ男子〟のメンバーとして、有言実行のごとく1列目のポジションを手に入れたのだ。

「宣言直後の『関西ジャニーズJr. X'mas SHOW 2017』、そして翌年2月にはユニット名のない単なる〝関西ジャニーズJr.〟の肩書きで、大橋くんと共にミュージカル『リューン~風の魔法と滅びの剣~』(東京・日本青年館)にW主演します。当時の2人には初めての東京生活で不安も大きかったようですが、藤原くんは『**すぐ目の前に神宮球場があったんで、それにめちゃめちゃ励まされました**』――と、プロ野球好きらしいセリフを覚えています」(同前)

そのミュージカルの会見でも、藤原は——

『普段、関西Jr.で会見する時はだいたい3列目で、
いつも他の人の後頭部を見てるんですけど、
今1列目ですからね。
〝3列目の逆襲〟という感じで、後頭部がないのが嬉しいです』

——と、喜びを噛み締めていた。

『いや、覚えてますね。
かなり緊張して上がってたんですけど、あのセリフだけは絶対に言って、
「事務所の人にアピールせなアカンな」——と。
それを教えてくれた先輩たちに感謝してますし、なにわ男子がデビューした今、
デビューを諦めて役者として頑張っている先輩たちの〝リベンジ〟が出来た気持ちで、
本当に嬉しかったんです』〈藤原丈一郎〉

その先輩たちとは、2017年に関西ジャニーズJr.を卒業した浜中文一と、2019年1月の正月公演を最後に関西ジャニーズJr.を卒業（※形式上、個人アーティストページが出来た2021年4月にジャニーズJr.を卒業）した室龍太の2人だ。

『もちろん他にも尊敬する関西の先輩方はたくさんいらっしゃいますけど、
僕がLittle GangsのメンバーやVeteranでCDデビューを目指してはった背中をずっと見てましたから。
ライブも舞台もホンマにカッコよかった先輩方が、
それでもCDデビューを諦めるほど厳しい世界。
特に関西ジャニーズJr.は関ジャニ∞、ジャニーズWEST、
そしてなにわ男子の3組しかデビューしてへん。
僕らは先輩方の無念や、後輩たちの夢を背負ってデビューすること、
絶対に忘れたらアカンのです』〈藤原丈一郎〉

中山優馬、平野紫耀、永瀬廉、そして向井康二。

関西ジャニーズJr.からジャニーズJr.に所属を変更してCDデビューを果たしたメンバーも、わずか4人しかいないのだ。

『(室)龍太くんは、なにわ男子のデビューが決まったことを、文一くんとやってるラジオでも祝福してくれたそうです。

連絡をもらった時は〝おめでとう、良かったな〟ぐらいの感じだったんですけど、ラジオでは――

「今まで一緒にずっとやってきたので、ついに形としてそういう風になったのはいいじゃないですか。

〝おめでとう〟と思いました」――って。

〝一緒にずっとやってきた〟と言ってくれたのは、ホンマに嬉しかったです』〈藤原丈一郎〉

CDデビューの夢が叶わなかった、元Veteranの2人の分まで、藤原は活躍しなければならない。

『龍太くんと文一くんが羨ましくなるぐらいに売れたいです』

そう言って笑った藤原丈一郎。

それも一つの、恩返しの形だ――。

第7章

なにわなくとも！
大橋和也

Kazuya Ohashi

『夢わたし』に〝鳥肌が立った〟密着取材

『高校野球に関わり始めた頃は、まだデビューとか全然決まってなかったので、甲子園を目指す皆さんにめっちゃ感情移入してました。

高校球児の甲子園が、僕らにとってはCDデビューと同じぐらいの目標。

そこに立ってようやく、次のステージを目指す資格を手に入れた感じですね』〈大橋和也〉

なにわ男子が務めた〝高校野球応援し隊〟の活動の一つに、彼らがレギュラー出演するABCテレビの情報番組『キャスト』でのコラボ企画があった。

「なにわ男子の『夢わたし』を、関西の高校が合唱やダンスで盛り上げるロケ企画。ダンスパートを担当するのは、ダンスコンクールで常に上位入賞する帝塚山学院高校ダンス部。そして合唱パートを担当するのは、全日本合唱コンクール全国大会で金賞を受賞した奈良県立畝傍《うねび》高校音楽部。いずれも高校球児同様、昨年からのコロナ禍で満足に部活動が出来なかった〝同志〟のような存在といえます」（ABCテレビ関係者）

いずれもそのジャンルの部活動では関西でも有数の両高だけに、野球部と同じようにコロナ禍に苦しんだ毎日の活動、今回のコラボ企画に取り組む姿や熱い想いには胸を打たれるものがあった。

帝塚山学院高校には大橋和也が訪れ、ダンスの練習に明け暮れる部員たちの話に触れた。

『今回、初めて自分が密着取材のリポート役になって、その難しさを知りました。自分らが密着されていた時もどこかしら照れくさい部分があったけど、今回は自分がダンス部の皆さんの間に飛び込んでいかなアカンし、本音を話してもらえるまで心を開いてもらわなアカン。1日、2日じゃ誰もその気になってくれませんから』〈大橋和也〉

一方、畝傍高校には西畑大吾が足を運び、『夢わたし』がどのようにアレンジされ、合唱へと生まれ変わったのかをつぶさに目撃する。

『大ちゃんは――

「めっちゃキレイなハーモニーに泣きそうになった。

サビも女性やと男性パートやから低いのに、ストレートに心に響いてきたもん。

伝統ある音楽部の文化、

夢を繋いできた生徒さんの姿を見て、

心が熱くならんかったら〝人〟ちゃうよ（笑）」

――と言ってました』

そう言って西畑の様子を話す大橋だが、彼は彼で急遽の〝振付指導〟を頼まれ、汗だくで取り組む姿が何とも清々しかった。

『いやいや、それは恥ずかしい(苦笑)。
顧問の先生にいきなり振付指導を頼まれて、めちゃ緊張しましたよ。
Jr.ではあんな大人数に教えることはなかったので、
汗がすごい吹き出してテッシュで拭きまくりましたもん。
でも基本スローな『夢わたし』を「どんな風に料理するんやろ?」……って、
期待と不安が半々で見ていたんですけど、
バレエみたいな美しさの中に迫力や躍動感、強さがあり、完成度がすごかった。
帝塚山のみんなに影響されて、僕らも『夢わたし』で踊りたくなりましたね。
あと感じたのは、振付を1人じゃなくみんなで意見を言い合いながら作っていくのが、
〝帝塚山学院ダンス部の強みなのかな〟——と、見ていて思いました』〈大橋和也〉

番組では帝塚山学院のダンスと畝傍高校の合唱を、地上300メートルの高さを誇るあべのハルカスの屋上へリポートで融合。

見届け人として藤原丈一郎が立ち会い、コロナ禍に苦しんだこの2年間の高校生たちの悔しさ、球児たちの苦しみを晴れやかにしてくれる、新しい『夢わたし』が披露された。

『丈くんは――
「関西ジャニーズJr.では得られない緊張感があって、
僕らがジャニーズカウントダウンにお邪魔した時のような、そんな緊張感があった。
自然と背筋がピンとなるし、心からなにわ男子でここに〝混ざりたい！〟と思った。
撮影中、ずっと鳥肌が立ってたもん」
――と、現場の雰囲気に「飲まれっぱなしやった」とも話してましたね。
僕はダンスを作り上げる過程に密着していたから、
その気持ちはめちゃめちゃわかります』〈大橋和也〉

2年ぶりに復活したというのに、雨天に祟られたかのような夏の甲子園。

それでも晴れの舞台に立った球児たちは、何よりも〝高校野球〟を楽しんでいたと思う。

それは帝塚山学院高校ダンス部、畝傍高校音楽部、そして彼らに寄り添った大橋和也と西畑大吾も同じだろう――。

あの大先輩が主張する自称〝なにわ男子の育ての親〟

『もちろん戦国時代にビルなんかありませんし、
あの答えは完全に自分からボケを〝狙い〟にいってのものです。
でも丈くんとも話したんですけど――
「〝師弟関係〟だけは今後とりあえず否定しよ。
それでもし憧れの芸人さんとか聞かれたら、
そこは〝千鳥のノブさん〟でいっとこ」
――ってことにしました(笑)』〈大橋和也〉

なにわ男子のCDデビューが発表された直後、自身のTwitterで祝福のメッセージを贈ってくれた千鳥・ノブ。

TBS系『クイズ！ THE違和感』でノブと共演する大橋和也は――

『今後自分たちの冠番組でのゲストとの絡み方、ツッコミを入れるタイミング、MCを上手く回すコツなどは、この1年半でノブさんから学んでいます』

――と、まさに〝師匠〟として慕っている様子だ。

『これは東京の放送作家さんに聞いたんですけど、新番組や特番のMC候補でよくお名前が挙がるツートップが、千鳥のノブさん、麒麟の川島さんだそうです。お二人とも的確なツッコミと〝自分だけのワードセンス〟を持っていて、それが他の芸人さんやタレントさんには真似が出来ない〝武器〟になっているところが、その理由だと教えていただきました』〈大橋和也〉

その話を聞いた大橋は、なにわ男子に持ち帰ってメンバーにも聞かせてみせたという。

『やっぱり丈くんはバラエティにたくさん出ているせいもあってか、すぐに話を理解していました。「俺もなにわ男子に足りないのは〝これはなにわ男子にしか任せられない〟と、テレビのスタッフさんに思われてない部分やと思う」――ってフォローしてくれたので、メンバーもより真剣に自分自身と向き合って考えてくれてますね』〈大橋和也〉

さてそんな中、冒頭の大橋のセリフからもお気づきだろうが、どうやらなにわ男子には――

『これはホンマに。
特に大橋と藤原には何回も言ってるけど、〝俺の弟子〟として頑張ってくれなアカンよ』

――と、ほぼ一方的に「なにわ男子は俺が育てた（ことにしといて欲しい）」と主張するベテラン芸人がいるようだ。

「ますだおかだの岡田圭右さんですね。ウチの番組はもちろんのこと、関西ローカルの番組でなにわ男子と絡んだ時は、ものすごいドヤ顔で『俺はなにわ男子の師匠やから』――と主張しています（苦笑）」（関西テレビスタッフ氏）

冒頭のセリフを詳しく解説すると、東野幸治やメッセンジャー・黒田有がMCを務める関西テレビ『ちゃちゃ入れマンデー』に大橋、藤原と共にゲスト出演した岡田は、番組のオープニングからなにわ男子と共演した数々のエピソードを交えながら――

『お笑いのイロハは叩き込んでますよ。

(自分が)師匠です』

――と胸を張る。

一方の大橋も――

『「俺を見て学べよ」――と言われました』

――と一応は関係性を認めたものの、その表情は明らかに、

『(芸能界の先輩に恥かかしたらアカンしな)』

……と苦笑い。

そして〝戦国時代に……〟云々の部分は、番組内で出題されたクイズに関係していた。

「〝大阪城が今の場所にあるのはなぜ?〟というクイズの出題に対し、大橋くんは『周りのビルに比べて大阪城は低いし、秀吉はさげすまれるのが好きなんじゃないか』——とボケたんです。しかし若干にボケ〝すぎて〟いたので、メッセンジャーの黒田さんが『昔はビルなんかない!』とツッコんだ。ところが番組的にはそこで〝チャンチャン(終了)〟だったのに、空気の読めない岡田さんが『ええよ! 今のでええよ』——と横槍を入れてきたんです」(同関西テレビスタッフ氏)

さらに岡田は黒田に対し——

『直接本人に言うのはやめてくれるか。生徒じゃなくてオレに言うて』

——と、クレームを入れて大橋をフォロー。

一見、優しく庇ったかのように見えるが、これで大橋のボケと黒田のツッコミを殺し、自分のところにトークの流れを持ってこようとする目論見がバレバレだ(苦笑)。

「岡田さんは『〝なにわ男子を育てた〟って言いたいんや』『お世話になった芸人を聞かれたら〝おかだ〟って言うようにせなあかんよ』と、自分を主役のように振る舞い始めました。すると藤原くんが『(それは)時と場合によります』――と否定したタイミングで、岡田さんは待ってましたとばかりに『〝SMAPを育てた〟と言い続けて、効力がなくなってる森脇健児さんと一緒やん』――と大オチをつけたのです」(同前)

岡田が所属する松竹芸能の先輩・森脇健児は、SMAPがデビュー翌年から出演していたフジテレビ系『夢がMORI MORI』のメインMCを森口博子と務め、確かにSMAPとはプライベートで食事をするほどの関係〝では〟あった。

「とはいえSMAPは『SMAP×SMAP』を通して自分たちでバラエティスキルを身につけていったので、森脇は〝育ての親〟ではなく単なる〝芸能界の先輩〟。岡田さんも30年近く前の番組を今でも鉄板のオチに使うのは、さすがにセンスが古い。大橋くんが岡田さんではなくノブくんになびくのは、当然ではないでしょうか(苦笑)」(同前)

『関西ローカルやったらまだええんですけど、
出来れば全国ネットでは〝師匠と弟子の関係はどうかな〟……と思います。
でも岡田さん、そのほうがオイシイんとちゃいますかね？
毎回ネタになるんやし（笑）』

芸能界の大先輩をネタに冷静な判断を下す大橋和也。
すでにこの時点で、自称〝育ての親〟を超えているのでは（笑）？

大橋和也が勇気をもらった〝あの女子選手〟

「大橋くんは当初〝同じ名字だから〟と二冠の快挙を喜んで、インタビューでもしばしば大橋選手の話題に触れていました。ところが徐々に〝大橋選手の推しは嵐の大野智くん、ジャニーズWESTの小瀧望くん、そして今はSnow Manの目黒蓮くん〟と聞いて、『僕、完全に当て馬ですやん!』――とムクれていました。……というかそもそも、大橋選手は〝なにわ男子の大橋和也くんのファン〟と言ったことはないんですけどね(笑)」(アイドル誌ライター)

日本選手団が大活躍だった東京オリンピック2020。コロナ禍による1年延期を経て、開幕してみれば史上No.1のメダルラッシュに沸いた日本列島。

中でも〝競泳〟種目においては、女子400メートル個人メドレー、女子200メートル個人メドレーで日本人女子初の二冠に輝いた大橋悠依選手が、突如飛び出したヒロインとして脚光を浴びた。

そんな大橋選手の快挙に沸いたのが、我らがなにわ男子のリーダー・大橋和也だった。

ちょうど二冠目となった女子200メートル個人メドレーがCDデビュー発表の直前に行われたこともあり——

『さっきスタッフさんから大橋選手の金メダルを聞いて、これはホンマにめちゃめちゃパワーをもらいましたね』

——と、大喜びだったのだ。

『僕と同じ名字の〝大橋〟さんなので、何か自分も金メダルを獲ったような……そんな不思議な気持ちになりました。

「そうか、全国の〝北島さん〟も北島康介選手が金メダル獲った時、こんな気持ちやったんちゃうかな」——とか、いろいろと想像してしまいました。

僕らもたくさん金メダルを獲って、ファンの皆さんにお見せ出来るようになりたいです。

……あっ、でも見るだけですよ?

噛んだらダメです(笑)』〈大橋和也〉

そして大橋選手が金メダルに輝いた後、有名になったのが彼女の〝ジャニヲタ〟ぶりだ。

「最初はNHKのオリンピック関連番組で、キャスターの櫻井翔くんが『**ウチの大野智からメッセージが届いています**』――と、休業中の大野くんからのメッセージを読み上げ、大橋選手が〝金メダルよりも嬉しい〟と反応したことで知れ渡りました。だいたい、この手の〝役得〟はファンの反感を買うのですが、逆に〝大野くんが翔くんに連絡した！〟〝オリンピック見てるなんて私と同じ〟などと、大橋選手の二冠のおかげで大野くんの消息が明らかになったことのほうが喜ばれていました」（人気放送作家）

二冠を達成した〝なにわの日〟の当夜、大橋選手がゲスト出演したNHKのオリンピックハイライト番組の冒頭、櫻井翔が――

『レース直後、私のスマートフォンが鳴りまして。

「大橋悠依ちゃん、ヤバいね。ダブル金、1人ではしゃいじゃったわ」

「めちゃくちゃカッコよかったです。おめでとう」

――と、大野智さんからいただいております。

ちゃんと（公表）許可をいただいております』

――と切り出すと、大橋選手は「一番嬉しいかも。ありがとうございます」と満面の笑みで喜んでいた。

「実は大橋選手のエピソードを調べようとSNSを覗くと、完全に大野くんヲタのそれで、僕らの間でも有名な話なんです。さらに嵐の活動休止後はSnow Manの目黒蓮くんに夢中で、嵐グッズに交じってチラホラとSnow Manグッズの写真もアップしています」(同人気放送作家)

冒頭のセリフにもあるように、どうやら完全に大橋和也は眼中にないようだが……。

『いやいや、僕は同じ名字の選手の頑張りに親近感を感じて、
一方的に勇気をもらっただけですから。
そりゃあ〝金メダリスト〟に応援してもらえるのは光栄ですけど、
それよりも1つの金メダルがこんなにも様々な人を巻き込んで、
こんなにも力になるなんて想像もしてなかったですからね。
僕らも負けじとファンの皆さん、
CDデビューをきっかけに新しくファンになってくださった皆さんの〝力になりたい〟気持ちを大切に、
なにわ男子を愛してもらえるように頑張りたいと思います』〈大橋和也〉

目黒蓮も小瀧望も大橋和也の同世代、形の上では〝先輩〟にあたる彼らだが、大橋は——

『同世代の活躍は刺激になる。
そして〝負けられない、負かしてやる！〟って気持ちにもなる。
やっとCDデビューで追いついたからね』

——と、闘志を燃やすライバルでもあるようだ。

大橋和也が見せる〝リーダーとしての矜持〟

「視聴者の中にはかなり驚かれたり感動されたりした方も多く、番組としても上位に入る反響でした。しかし大橋くんはすでに料理歴は10年以上で、関西Jr.の間では〝調理器具マニア〟としても知られています。そうじゃなければ愛用の包丁やフライパン、低温調理器具、電動ソルトミルなどを持参し、〝低温調理したローストビーフとジェノベーゼパスタ〟なんか披露できませんよ」

なにわ男子がお笑いコンビ・ニューヨーク、テレビ朝日・三谷紬アナウンサーとレギュラーを務める、テレビ朝日系『まだアプデしてないの?』。

今年の4月からスタートしたこの番組は、なにわ男子が新しい時代の国民的アイドルを目指す上で「古い常識や考えをアップデートしておきたいこと」をテーマに構成されている番組だ。

「初回は〝親子関係〟をテーマに、以降は〝金銭感覚〟〝美容〟〝出会いとデート〟〝夫婦のカタチ〟〝習い事〟など、生活面での新しい常識をアップデートしてきました。先ほどお話しした〝料理男子〟は、6月26日に放送された第11回のテーマです」

話してくれているのは、その『まだアプデしてないの?』番組ディレクター氏だ。

「番組では母親から勧められて料理にどハマりした男子高校生や、小学5年生の時にフランスで料理修行をしたことがある12歳の男子中学生のエピソードを紹介しました。再現VTRは西畑(大吾)くんとおかずクラブのオカリナさんに出演してもらいましたが、オカリナさんも女性芸人有数の料理上手で、西畑くんも**『僕もマジに習ってみたい』**——と影響を受けていましたね」

(番組ディレクター氏)

さて実際に愛用の調理器具を持ち込み、低温調理したローストビーフとジェノベーゼパスタに挑戦した大橋和也。

まずローストビーフには下味を付けず、55度から60度弱の低温調理をしてから味付けをすることに。

さらにパスタを茹でている間にフライパンでオリーブオイルとパスタのゆで汁を合わせて乳化させるなど、その慣れた手つきと手際の良さに、スタジオにいた全員が感動していたほど。

「クッキングスタジオで大橋くんが料理する姿を撮影したスタッフも、〝まるでイタリアンのカウンターキッチンにいる感覚〟というほど、堂に入っていましたね。メンバーも口々に**『お店みたい』『すげぇウマそう』『映像見てるだけやけどバジルの匂いしてきたわ』**と驚き、みんな**『今度作って欲しい』『これ今度食べにいくわ』**——と虜になっていました」(同番組ディレクター氏)

最後に──

『日本人ってテリヤキの甘辛な味がめちゃくちゃ好きだと思うので……』

──と、おまけのローストビーフソースも作り、ドヤ顔で笑う大橋。

「視聴者の皆さんの反応も、料理中の大橋くんの姿が〝カッコいい！〟とするものが多かったものの、中には〝料理チャンネルを開設して欲しい〟と、大橋くんの新たな展開に対しての期待の声も多かったです。グループのYouTubeチャンネルだけではなく、大橋くん個人の〝料理男子チャンネル〟。なるほど、アッという間に数十万単位の登録者も望めそうです」(同前)

そういえば昨年、コロナ禍がテレビ界に深刻な影響を与える直前には、TBSテレビ系『まんぷくダービー』にも出演。

「特技は〝大食い〟と自信満々に語り、総重量およそ1．5キロ、羽根つき餃子10人前の完食にチャレンジしていました。しかし番組の画面《えづら》としては、明らかに大食いよりも〝料理男子〟のほうがスマート。たとえ調理器具を持ち込むことが面倒でも、これからは絶対に〝料理男子〟で押すべきですね」(同前)

さて、当の本人はどう感じているのだろう?

『僕は〝料理男子〟でも〝大食いチャレンジ〟でも、
ぶっちゃけ呼んでいただけるだけでホンマにありがたいので、
どっちがいいとか悪いとかはまったくありません。
今は料理と大食いが僕の〝武器〟やと思ってるんで、
弾を全部撃ち尽くすまではどこまでもやっていきたい。
〝もう大橋飽きたからもうエエわ〟と言われるまで喰らいつきます(笑)。
なにわ男子はメンバーが7人おるし、
それぞれの武器はそれぞれが磨くしかないんですけど、
リーダーとして〝自分の特徴を活かす〟ことがどんだけ大事か、
それを証明するためにもまだまだ仕事が広がって欲しいですね』〈大橋和也〉

自分が結果を出さなければ、メンバーのみんなに伝わらない。

それこそが大橋和也の〝リーダーとしての矜持〟なのだ。

ただし少々本格的すぎて、「将来は料理人に転向する気では？」……なんて言われちゃってるけど（苦笑）。


『リーダーとして〝自分の特徴を活かす〟ことがどんだけ大事か、それを証明するためにもまだまだ仕事が広がって欲しいですね』


リーダーの想いは、メンバー全員に間違いなく伝わっている。

メンバー7人がそれぞれの武器を磨くことで、なにわ男子はアイドル界の頂点へと駆け上がっていくグループとなることだろう――。

おわりに

それでは〝はじめに〟でお話しした通り、7月28日に横浜アリーナで行われた『なにわ男子First Arena Tour 2021 #なにわ男子しか勝たん』から、CDデビュー発表を受けたメンバー7人が、すべての〝なにふぁむ〟に向けて発した歓喜と感謝のリアルメッセージを、発言順にご紹介したいと思う。

西畑大吾――

『言いたいことが山積みです。
僕の頭の中では処理しきれてない。
たぶん、みんな挨拶長なると思うから、一回お席に。
保護者のような目で見てください。

そうですね、びっくりするくらい実感が湧かなくて。

個人的な話ですが、18歳の時に松竹座の先頭に立ったその日から、

〝デビューするつもり〟はずっと持っていこうと。

そこから6年経って、こうして実感は湧いていないですけど、デビューする運びとなります。

(デビューが）訪れると、なんかびっくりして予定通りにはいかなかったです。

でもこの景色、この時間はずっと覚えているでしょうし、
一生この時間と景色、皆さんのことを忘れたくないなと思います。

この7月28日、〝なにわの日〟にデビュー発表することが出来て嬉しく思います。

〝なにわ男子〟と名前付けてくれたジャニーさんには感謝しかない。

語呂合わせの出来る〝なにわ男子〟でいることが出来て、本当に幸せです。

これからも7人、手を合わせ、力を合わせて頑張っていきますので、
僕たちについてきてください。

本日はありがとうございました』

高橋恭平――

『本日はありがとうございました。
大吾くんの話で泣きそう。
いい話すぎて。
でも本当にこうやってすごい発表があったんですけど、実感全然ないですし。
でも僕は実感してます。
「このなにわ男子で本当に良かったな」――って。
でもちゃんと、こうやって聞いてくれるメンバーがいいなぁって……。
なにふぁむのみんなもありがとうございました』

藤原丈一郎――

『〝いやぁ、長かったな〟――って。
ジャニーズ事務所のオーディションを受けたのは、京セラドームでの野球大会でした。
ダンス部門と野球部門があって、
その時に同期の神ちゃん(ジャニーズWEST神山智洋)はダンス部門、
僕はなぜか野球部門で、キャッチボールをしたり、それで今ここに立っています。
「長かったなぁ」とひと言――支えてくれる家族、スタッフさん、
何より日本全国にいるなにふぁむ、ほんまに感謝しています。
ありがとうございます。
僕の中では、〝なにわ男子1章〟を終える。
〝2章〟はデビュー組に混じって、
たくさんの先輩に負けじと、これからも一生懸命頑張っていきます。
どうか、なにわ男子のそばにずっといてください。
これからも頑張りますので、応援をよろしくお願いします』

大西流星――

『こうして今日発表があったように、
11月12日になにわ男子がCDデビューをさせていただくことになりました。
今まで本当に身近で支えてくれた皆さん、
そして何よりもライブで僕たちに会いにきてくれて、
会いにこれないけどMCをYouTubeで、いろんな場所で僕たちのことを見てくれて。
「本当に僕たちって幸せ者なんだな」と毎分、毎秒感じることの出来る素敵なグループです。
僕はいろんな立場で、いろんな景色を見てきたつもりです。
もっともっと、これからは〝なにわ男子の時代〟と言ってもらえるよう、
なにわ男子旋風をブンブン起こして、
皆さんと一緒に全国、全世界を〝なにわ男子色〟に染めていきたい。
本日は本当にありがとうございました』

長尾謙杜──

『このたび、なにわ男子がデビュー発表をすることが出来ました。
いざしてみると、実感が湧かないですね。
本当に、なにふぁむの皆さんのおかげだと思ってます。
もちろんスタッフ、関係者の皆様も支えてくださってますが、
何よりもなにふぁむの皆さんが僕たちを支えてくれたおかげです。
僕はグループ最年少です。
デビューしたらもっともっと、最年少ながら盛り上げていきたい。
デビューしたからといって、皆さんと距離が遠くなることはありません。
いつも皆さんと繋がっている気がします。
皆さんの心の中が〝僕たちの第2のホーム〟です。
これからも最高の旅をしましょう』

大橋和也――

『大ちゃんが「いっぱいしゃべるよ～」って言ったから、
一瞬で3つのリップを塗りましたから（唇が）めちゃくちゃテカテカなんですよ。
丈くんとは違うグループでしたけど、ずっとやらせてもらった。
ぶつかったりもしたし、道も一緒のように歩んできた。
そして3年前に〝なにわ男子〟というグループが出来て、
僕の中でも、そしてみんなの中でも一緒に一列になって頑張ってきました。
スタッフさんや、そして何よりもファンの皆さんが、
一緒に手を繋いで、一緒に歩んでくれたことがすごくすごく嬉しいなと思います。
やっぱり今回CDデビューという発表をさせてもらって、
新たなスタート地点に立てることを、
また新たな自分たちを見せれることがすごく嬉しいです。
僕たちと一緒に盛り上がって、楽しみながら前に進みましょう』

道枝駿佑——

『皆さんの前でデビュー発表が出来て、心から嬉しく思います。

そして実感がないけど安心しているというか、
なにわ男子が結成してから、ライブがあるたびにソワソワしていた部分もあったので。

コロナ禍ではありますけど、横浜アリーナに足を運んでくれた皆さんの前で、
なにわの日に発表出来たことは一生忘れない思い出になりました。

でもデビューしたからといって天狗にならずに、謙虚な気持ちで頑張っていきたいと思います。

3年前に一斉送信メールでメンバーを知らされた時はすごいびっくりしましたけど、
今思えば、なにわ男子でよかったなと思っています。

6人にも感謝ですし、何よりもファンの皆さんに感謝です。

そしてスタッフの皆さんにも感謝しています。

この景色を、僕は一生忘れません。

これからも、なにわ男子の応援をよろしくお願いします』

なにわ男子がデビューする〝Ｊ Ｓｔｏｒｍ〟は、現在のジャニーズ事務所社長・藤島ジュリー景子氏が、嵐を「ポニーキャニオンから移籍させるため」に立ち上げたプライベートレーベルだ。

「これまで嵐以外にもＨｅｙ！ Ｓａｙ！ ＪＵＭＰやＴＯＫＩＯなどが音楽・映像ソフトをリリースしていますが、実はこのＪ Ｓｔｏｒｍの設立は２００１年11月12日。そうです、会社の創立20周年記念日に合わせて、なにわ男子をデビューさせるのです。さらに言えば、嵐はデビュー20周年を機に活動を休止した。語呂や縁起を大切にする芸能界において、ジャニーズ事務所が、ジュリー社長が、なにわ男子にかける期待の大きさは言うまでもありません」（人気放送作家）

まさに嵐の〝正統後継者〟として認められたと言っても過言ではない、なにわ男子のＣＤデビュー。

すでに西畑大吾と道枝駿佑がテレビドラマや映画の出演で、大橋和也と藤原丈一郎、大西流星がバラエティへの出演で結果を出しているが、これからは高橋恭平と長尾謙杜も露出を増やし、グループとしても個人としても、嵐の後継者として〝最強〟への道を歩み始めるのだ。

「特にバラエティにおいては、すでに関西ローカル（※放送圏）で築いているポジションをどのように全国展開するか？ そのあたりが最初にぶつかる〝壁〟になるでしょう。もっともその程度の〝壁〟は、彼ら７人のポテンシャルをもってすれば、すぐに乗り越えてくれるはずです」（同前）

〝なにふぁむ〟という強い味方がいる限り、その壁も容易に乗り越えてくれるに違いない。

いよいよ、なにわ男子が全国区へと飛び出すのだ——。

Naniwa Danshi Naniwa Danshi

なにわ男子

なにわなくとも！ なにわ男子

〔著者〕**御陵 誠**（みささぎ まこと）

京都の有名私立大学を卒業後、アメリカ・ロサンゼルスでショービジネスを学んで帰国。某グループ系アイドルの企画プロモーションを担当した経緯から、民放キー局や大手広告代理店の帰国子女社員と親しい。また独自の感性に芸能人のファンも多い。芸能界、音楽業界、テレビ業界とも太いパイプを持ち、アイドル・タレント・アーティストなどと直接交流も持つ。多彩な経歴を活かし、ショービジネス業界に携わると共にビジネス誌、芸能誌などへの執筆活動も展開している。

なにわなくとも! なにわ男子

2021年9月22日　第1刷発行

著　者……………御陵　誠

発行者……………籠宮啓輔

発行所……………太陽出版

〒113-0033　東京都文京区本郷3-43-8-101

電話03-3814-0471／FAX03-3814-2366

http://www.taiyoshuppan.net/

デザイン・装丁…宮島和幸（KM Factory）

印刷・製本………株式会社シナノパブリッシングプレス

ISBN978-4-86723-052-7

◆ 既刊紹介 ◆

HiHi Jets×美 少年×なにわ男子
NEXTブレイク！

あぶみ瞬［著］ ¥1,400円+税

NEXTブレイクを狙う超人気グループの情報解禁!!
メンバー自身の言葉、側近スタッフが明かすエピソード――
次世代を担う3組の"知られざる素顔"が満載!!

★初公開★エピソード解禁!!

【主な収録エピソード】

★1st Chapter『HiHi Jets』

・"クイズ番組出演"への橋本涼の本音
・井上瑞稀が掲げる"目標"
・猪狩蒼弥が語る"意気込み"
・"月9"初出演で得た髙橋優斗の決意
・作間龍斗が手に入れたい"武器"

★2nd Chapter『美 少年』

・藤井直樹が"パフォーマンス"に懸ける信念
・那須雄登がリベンジを期す"ジャニーズクイズ王"への道
・浮所飛貴に求められる"タレントスキル"
・岩﨑大昇に用意された"とんでもない演出"
・"役者・佐藤龍我"にとって最良の出会い
・金指一世の"後悔"と"成長"

★3rd Chapter『なにわ男子』

・西畑大吾VS道枝駿佑――共に競い合う"センター争い"
・なにわ男子を支える"前輪の大橋""後輪の藤原"
・西畑大吾が木村拓哉との共演で得たもの
・ルックスを超越した大西流星の"意外な発信力"
・"役者・道枝駿佑"の大いなる可能性
・高橋恭平は"愛されキャラ"
・長尾謙杜がドラマ出演で得たチャンス
・藤原丈一郎が中居正広に叩きつけた"挑戦状"
・大橋和也が溢した"リモート収録"への本音

◆ 既刊紹介 ◆

NEXTブレイク前夜!
Snow Man × SixTONES × なにわ男子

あぶみ瞬［著］ ¥1,300円+税

滝沢秀明プロデューサー率いる3組の知られざる素顔が満載!
超人気グループ3組の情報解禁!!

★初公開★エピソード満載!!

【主な収録エピソード】

<Snow Man>
★滝沢がSnow Manに与えた"試練"
★新メンバーに対する旧Snow Manメンバーの"本音"
★新メンバーが"お披露目公演"で感じた想い
★Snow Manの"秘密兵器"ラウールが秘めた可能性

<SixTONES>
★滝沢秀明がSixTONESに託した"想い"
★SixTONESに灯った"希望の炎"
★"バカレア組"時代の6人
★"空白の2年間"から"輝ける未来"へ

<なにわ男子>
★なにわ男子が結成された"特別な理由"
★西畑大吾、大西流星に起きた"意識の変化"
★藤原丈一郎の"世間に知られたい願望"
★西畑大吾が目指す"役者としての目標"
★リーダー大橋和也が燃やす"競争心"
★アイドルとして上を目指す高橋恭平の"貪欲な姿勢"
★大西流星から永瀬廉への"心からのメッセージ"
★道枝駿佑の自信満々の裏に隠されている"素顔"
★長尾謙杜が目指す"目標と理想"

◆ 既刊紹介 ◆

SixTONES
—無限の音色—

あぶみ瞬［著］ ¥1,400円+税

『バラバラな個性を持った６人が集まった時の
“ベストパフォーマンス”は、
楽曲ごとに変わってもいいんじゃない』〈ジェシー〉

メンバー自身が語る想い、
側近スタッフが語るエピソードから綴る、
── SixTONESの“知られざる素顔”！

【主な収録発言】

★『現状を捨ててチャレンジするリスクと、現状にこだわってチャレンジしないリスク。
SixTONESはみんなどっちを取るか？
……聞くまでもないか(笑)』 ＜京本大我＞

★『種を蒔かなきゃ芽は出ないし、芽が出ないと茎や葉にならない。
茎や葉がないと花が咲かない。
花が咲くにはちゃんと順番と理由があるんだよね』 ＜松村北斗＞

★『希望ってさ、それが何であれ、いつも持ってないと“明日”がつまんなくね？』 ＜髙地優吾＞

★『たとえデビューの確率が低くても、
そこで諦められるほど軽い気持ちでジャニーズにいたことはない』 ＜森本慎太郎＞

★『「お前らに何が出来るんだよ」って見下されたり、笑われたり。
でもそのお陰で俺たちは強くなれた。
だからマジに感謝してるよ』 ＜田中樹＞

King & Prince
キンプリ★スタイル

谷川勇樹［著］ ¥1,400円+税

メンバー自身が語る想い、
それぞれの言葉に込めたメッセージ
彼ら自身が語った言葉と、
側近スタッフが明かすエピソードで綴る
── King & Princeの“リアルな素顔”

◆既刊紹介◆

Snow Man
俺たちの絆

あぶみ瞬［著］ ¥1,400円+税

『デビューする前に滝沢くんに言われたんです。
「チャンスの扉の鍵が開いていたら、
迷わずにその扉を開けて進め！」――って』〈岩本照〉

Snow Manの“知られざる素顔”――
Snow Manメッセージ&エピソード満載!!

【主な収録エピソード】

・岩本照が明かすSnow Manの“ターニングポイント”
・深澤辰哉の“Snow Man愛”
・「ラウール、ダンス好きか？」――中居正広からのアドバイス
・渡辺翔太が目黒蓮に贈ったエール
・向井康二の運命を決めた“1枚の写真”
・阿部亮平が目指すキャラは“そっち系”？
・木村拓哉から目黒蓮へ――期待を込めたメッセージ
・宮舘涼太とラウールの“お互いをリスペクトし合う”関係
・佐久間大介が信じる“本気の笑顔”の魅力

太陽出版
〒113-0033
東京都文京区本郷4-1-14
TEL 03-3814-0471
FAX 03-3814-2366
http://www.taiyoshuppan.net/

◎お申し込みは……
お近くの書店にお申し込み下さい。
直送をご希望の場合は、直接小社宛にお申し込み下さい。
ＦＡＸまたはホームページでもお受けします。